LUTZ GOHR
MEERWASSER-AQUARISTIK

KOSMOS

▶ Thema **Leben im Meer** 4

Ein Spaziergang durchs Riff 6
Das Riff– ein uralter Steingarten 6
Überblick Beliebte Meeresfische 12
Artenreiche Vielfalt 12
Riffbarsche 12
Schleimfische 13
Feenbarsche 13
Pfeilgrundeln 13
Doktorfische 13
Zwergbarsche 14
Röhrenmäuler 14
Drachenköpfe 15
Mirakelbarsche 15
Kardinalbarsche 15
Falterfische 15
Kaiserfische 16
Lippfische 16
Leierfische 17
Drückerfische 17
Porträt Beliebte Meeresfische 18
Überblick Wirbellose Tiere 27
Korallen 27
Krebstiere 32
Stachelhäuter 33
Weichtiere 34
Porträt Wirbellose 36
Überblick Algen 52

▶ Thema **Das Meerwasseraquarium** 48

Faszination Meerwasseraquaristik 50
Der 10-Punkte-Erfolg 51
Aquariensysteme 56
Für jeden Zweck das richtige System 56
Aquarienarten 58
Gemeinschafts- oder Spezialbecken? 58
Das Aquarium einrichten 62
Das Becken 62
Aquariendekoration 64
Lebende Steine 66
Das Einfahren des Aquariums 68
Geduld muss sein 68
Tiere für den Erstbesatz 70
Probleme mit Algen 72
Solutionfinder
   Algen 73
Pflegeplan Rund ums Aquarium 74
Beleuchtung 76
Lampentypen 76
Beleuchtungsstärke 78
Beleuchtungsdauer 78
Heizen und Kühlen 80
Temperaturregelung im
   Meerwasseraquarium 80

Thema **Wasser** 82

Salzgehalt 84
Wasseraufbereitung 85
Ein bisschen Chemie 86
Messverfahren 89
Wasserwechsel 90
Filterung 91
Mechanische Filter 91
Biologische Filter 92
Chemische und physikalische
   Filterung 93
Der Kalkreaktor 95
Strömung 96

Thema **Fütterung** 98

Nahrungsansprüche 100
Fische 100
Wirbellose Tiere 101
Das Einmaleins der Fütterungs-
   praxis 103

Thema **Gesundheit** 104

Krankheiten im Meerwasseraquarium 106
Quarantäne 106
Fischkrankheiten 107
Korallenkrankheiten 108
Solutionfinder
   Krankheiten und Parasitenbefall
   erkennen 110

Thema **Zucht** 112

Nachwuchs im Meerwasseraquarium 114
Die Vermehrung von Wirbellosen 114
Fische züchten 116

Service 119

Zum Weiterlesen 119

Adressen 119

Register 120

- **Ein Spaziergang durchs Riff**
  6–11

- **Beliebte Meeresfische**
  12–26

- **Beliebte Wirbellose**
  27–45

- **Algen**
  46–47

THEMA **LEBEN IM MEER**

THEMA — EIN SPAZIERGANG DURCHS RIFF

Riffpfeiler zeigen eine vielfältige Lebensgemeinschaft.

Das Riff – ein uralter Steingarten

Türkisblaues Wasser schießt über meinem Kopf zusammen, Luftblasen steigen langsam in einer Wolke auf. Sanft schwebe ich hinab durch das lichtdurchflutete Wasser eines Riffpfeilers des Roten Meeres. Ein Riesenschwarm rot-orange leuchtender Juwelen-Fahnenbarsche flüchtet sich in die Ritzen des Felsen, um sogleich wieder aufzutauchen und auf Planktonjagd zu gehen. Es ist nicht sehr tief, nur 14 Meter liegt der Sandboden von der Wasseroberfläche entfernt. In dem sonnengetränkten, lichtdurchfluteten Unterwassergarten schwimme ich gegen die leichte Strömung und umkreise den mit bizarren Steinkorallen bewachsenen Riffpfeiler, der aus dem Sand ragt. Träge verlegt ein aufgestörter Blaupunktrochen seinen Standort. Mein Blick wandert am Riff entlang, ich lasse den farbenfrohen Korallengarten in seiner ganzen Pracht und Vielfalt auf mich wirken. Gelbstreifen-Meerbarben wühlen im Sand unter mir; rot schimmernde Büschelbarsche beobachten aufmerksam den vorbeischwimmenden, blubbernden schwarzen Riesen, und unter einem Felsvorsprung sehe ich dicht an der Felswand einen kleinen Rotfeuerfisch. Spektakulär gezeichnete Schmetterlingsfische ziehen paarweise um den Riffpfeiler, ein Bild, das dem frohen Treiben von Schmetterlingen auf einer Sommerwiese gleicht. Schaut man sich die faszinierende Szene länger an, stellt man schnell fest, dass das gesamte System eine Kette von ineinander greifenden Mustern aufweist, die unendlich kompliziert und bis ins kleinste Detail ausgefeilt zusammenspielen. Viele dieser Vorgänge sind noch gar nicht erforscht, einige mit dem bloßen Auge kaum erkennbar

Korallen bestimmen die Erscheinungsform tropischer Riffe.

Die Baumeister der Riffe

Ein Riff kann man auch als einen Millionen von Jahren alten Steingarten bezeichnen. Die Baumeister der Riffe sind zumeist kleine Steinkorallenpolypen. Sie sind schlauchförmig verdickt und haben nur eine von Fangarmen umgebene Mundöffnung. Mit dem anderen Ende sitzt der Polyp auf einer Unterlage, in der Regel auf den Kalkablagerungen seiner Urväter. Dort wird eine feste Platte abgesondert, die zum größten Teil aus Kalziumkarbonat besteht. Pro Quadratmeter Polypenfläche werden am Tag ca. zehn Gramm Kalk produziert. Die Platte verdickt sich häufig am Rand und an sechs radiär abgesonderten Streifen, die in die Höhe wachsen. Dieses feste Außenskelett ragt schließlich in den Magenraum des Polypen (die Septen). Bei Gefahr kann sich der Korallenpolyp darin zurückziehen. Ab einer bestimmten Wachstumsstufe wird eine neue Basisplatte angelegt, und der alte Polyp wird abgeschnürt. So wird Etage um Etage gebaut, ein sehr langsamer Prozess, aber im Laufe der Jahrmillionen entstehen so massive Gebirge wie z. B. die Alpen, die früher unter Wasser lagen und auch von hermatypischen, d. h. Riff bildenden, Steinkorallen geschaffen worden sind.

und andere mit unserem Zeitempfinden nicht nachvollziehbar. Nicht umsonst ist das Riff im Meer neben dem Regenwald des Festlandes das größte ökologische System unseres Planeten. Diese Unterwassergärten haben die Menschheit schon seit Anbeginn der Zeiten beschäftigt, primär um dem täglichen Nahrungserwerb nachzugehen und erst viel später, um diese Welt genauer zu erforschen und hinter Glas (sei es Taucherbrille oder Aquarium) zu beobachten. Gerade wegen dieser unendlichen Vielfalt kann die heutige Meerwasseraquaristik zu Recht als Riffaquaristik bezeichnet werden. Als Aquarianer versuchen wir den natürlichen Lebensraum Riff im Miniaturformat nachzubilden, mit all seinen mannigfaltigen Beziehungen und doch immer künstlich bleibend.

Korallenatolle (hier Malediven) sind ein unvergesslicher Anblick.

Das Alter der heutigen Riffe

Die heutigen Riffe entstanden geologisch gesehen allerdings erst vor recht kurzer Zeit, nämlich vor etwa 5.000 bis 10.000 Jahren, da sich das Meeresniveau und die Temperaturen durch die Eiszeiten gewaltig verschoben haben.

Die Verbreitung

Riff bildende Steinkorallen benötigen relativ gleich bleibende Umweltbedingungen, wie bestimmte Mindesttemperaturen und Licht, um sich langfristig entfalten zu können. So findet man am Barrier-Riff am 35. südlichen Breitengrad nur eine Korallengattung (Temperatur zwischen 10 und 25°C), am 10. Breitengrad bei einer Temperatur von 24–30°C über 60 Korallengattungen. Allgemein kommen Korallen zwischen 30 Grad nördlicher und 30 Grad südlicher Breite vor.

Riffformen

Korallenriffe können die verschiedensten Formen aufweisen. Man unterscheidet grob zwischen küstennahen (litoralen) und küstenfernen (neritiden) Riffen.

Küstennahe Saumriffe bilden häufig Lagunen aus, die, im Inneren strömungsarm, mit feingliedrigeren Korallen bewachsen sind. An der Brandungsseite herrschen dann wieder kräftigere Korallen vor.

Weiter vorgelagerte Riffe besitzen auf der Oberfläche, die aus dem Wasser ragen kann, häufig eine durch Wind und Wellen abgeplattete Form. Diese Plattformriffe weisen oft einen großen Artenreichtum an Korallen auf. Das größte Riffsystem ist sicherlich das australische Große Barrier-Riff. Direkt an der Kante des Kontinentalschelfes gelegen, bildet es eine Barriere zwischen dem Land mit einer Flachwasserzone und dem tiefen Meer.

Schwarzspitzen-Riffhaie sollten nur in großen Schauaquarien gehältert werden.

Am steil abfallenden Außenriffhang wachsen die Steinkorallen dann bis in ca. 40 m Tiefe, im Innenbereich kommen wegen der verminderten Strömung filigranere Formen vor. Eine weitere bekannte Form sind die Atolle. Nach Darwin entstehen sie durch Anlagerung eines Saumriffes an eine Insel, die schließlich im Meer versinkt. Der Korallenring um diese Insel bleibt jedoch erhalten. In der Mitte des Atolls befindet sich dann eine Lagune, innerhalb deren sich wieder kleine Mikroatolle, Mikrosaum- und Plattformriffe bilden können. Die Lagune kann bis zu 50 m tief sein, in der Regel ist der sandige, schlickige oder mit Korallenschutt bedeckte Boden jedoch nur wenige Meter tief. Mit dem Außenmeer wird die Lagune durch zahlreiche Strömungskanäle verbunden, sodass ein gezeitengesteuerter Wasseraustausch stattfinden kann. In diesen Strömungskanälen haben wiederum einige Lebensformen ihr spezifisches Domizil gefunden.

Anemonenfische (hier A. frenatus) mit ihren Wirtsanemonen sind begehrte Aquarientiere.

Nahrungskreisläufe im Riff

Wir merken es schon: Jedes Korallenriff hat durch sein Umfeld eine individuelle Biologie, sowohl in den Stoffkreisläufen, der Produktion und der Ökologie als auch im Auftreten der darin vorkommenden Organismen. Generell ist die Stoffproduktion in einem Korallenriff sehr hoch, allerdings wird ein Großteil der Stoffe im System selbst wieder verwertet, sodass die Zahl der im Wasser gelösten Stoffe recht gering ist.

Die Nahrungskreisläufe im Riff sind recht komplex. Primärproduzenten wie Algen erzeugen ihre Masse hauptsächlich durch Photosynthese. Eine Besonderheit bilden endosymbiontisch lebende Algen, die als Zooxanthellen im Gewebe wirbelloser Tiere – vorwiegend Korallen – leben und diese mit Nährstoffen versorgen, wobei sie in Wechselwirkung mit den Abbauprodukten der Korallen eine echte Symbiose eingehen.

Die Primärproduktion an Biomasse wird als Nahrung durch Konsumenten wiederum verwertet. Die Abbauprodukte der Konsumenten werden durch die Destruenten wiederum dem Kreislauf zugeführt. Diese Stoffkreisläufe sind in einem Aquarium auch vorhanden, aber auf Grund des geringen Wasseraustauschs reichern sich bestimmte Stoffe an, während andere durch den Verbrauch der Tiere vermindert werden.

Auf engstem Raum leben viele Tierarten zusammen.

Lebensgemeinschaft Riff

Die Vielfalt der Lebewesen in diesen Korallenriffen ist natürlich nicht auf die Korallen beschränkt.

Zahlreiche Fische bevölkern in teilweise großen Schwärmen die Riffe: Räuber und Beute, Jäger und Laurer, Putzer, arglistige Nachahmer und versteckte Nachtgeschöpfe; all dies und noch viel mehr kann an den Fischpopulationen der Riffe beobachtet werden. Krebse und Würmer, Moostierchen und Schnecken, Muscheln, Seesterne und Seeigel, Medusen und kleine Fischchen, alle im Geäst eines Korallenstockes verborgen, enthüllen dem aufmerksamen Betrachter ihre Lebensweise. Und selbst wenn wir den Korallenstock herausnehmen und mit dem Hammer in Stücke schlagen (nicht nachahmenswert), finden wir in seinem Inneren noch eine Menge verborgener Tierchen. Und welche Fülle unsichtbaren Lebens enthüllt uns erst das Mikroskop.

All diese Tiere stehen in vielfältiger Beziehung zueinander: Man kennt Tierfreundschaften zwischen verschiedenen Arten und sogar ausgefeilte Symbiosen. Auch Kommensalen, bei denen nur eine Partei einen Vorteil hat, zeigen sich häufig im Riff. Räuber-Beute-Beziehungen, ausgeprägte Verhaltensweisen, Kommunikation, Werkzeuggebrauch, Spezialisierungen, Produktion und Verbrauch, Nischenbildung, Geburt und Tod, Geschlechtswechsel, extreme Anpassungen und vieles andere mehr kann in Riffen und natürlich auch im Aquarium beobachtet werden. Viele der im Meerwasser und in den Korallenriffen zu sehenden Tierarten lassen sich inzwischen im Aquarium mit gutem Erfolg halten und sogar zum Wachstum oder zur Vermehrung anregen.

ÜBERBLICK — BELIEBTE MEERESFISCHE

Schleimfische (hier Istiblennius chrysophilos) sind ausgezeichnete Algenvertilger.

Artenreiche Vielfalt

Fische sind unter den Wirbeltieren die artenreichste Gruppe, es existieren etwa 25.000 verschiedene Fischarten. Der Großteil davon lebt im Meer und in Korallenriffen. Wegen ihrer Vielfalt und Farbenpracht sind sie besonders beliebt. Einige von ihnen sind gut für ein Aquarium geeignet, andere stellen eher höhere Pflegeansprüche und sollten nicht unbedingt von einem Einsteiger angeschafft werden. In diesem Kapitel erfahren Sie alles Wissenswerte über die wichtigsten Aquarienfische in Ihrem Meerwasserbecken. Die meisten davon werden sogenannte Wildfänge sein, d. h. sie wurden aus ihrem natürlichen Lebensraum in den tropischen Meeren herausgefangen und nach Europa transportiert.

Schaffen Sie sich bitte nur robuste Tiere an, Sie leisten damit einen wichtigen Beitrag zum Artenschutz. Kaufen Sie bitte keine besonders seltenen, gefährdeten oder empfindlichen Tiere, die den Transportstress selten überleben, sonst tragen Sie dazu bei, dass das sinnlose und zerstörerische Fischen dieser Arten nicht aufhört. Sicherlich wollen Sie das als Tierliebhaber nicht. In Deutschland dürfen nur solche Tiere verkauft und erworben werden, die die gesetzlichen Artenschutzbestimmungen erfüllen. Sie können sich darüber bei entsprechenden Verbänden (siehe Anhang) informieren.

Im Folgenden finden Sie interessante Informationen zu den häufigsten Fischfamilien, die von Hobbyaquarianern im Meerwasseraquarium gehalten werden können.

Riffbarsche (Pomacentridae)

Diese recht kleinen Fische sind hervorragend für ein Meerwasserbecken geeignet. Sie sind sehr farbenprächtig und zeigen eine Vielzahl interessanter Verhaltensweisen, z. B. zwischenartliche Gemeinschaften (Clownfische und Wirtsanemonen). Einige fressen Algen, andere nur Plankton, die meisten jedoch Würmer, Krebse, Stachelhäuter und

Demoisellen (hier Chrysiptera taupou) sind sehr haltbare Aquarienfische.

vieles mehr. Es sind sehr lebhafte, tagaktive Tiere mit einem ausgeprägten Revierverhalten. Leider sind einige Arten sehr aggressiv, sodass man für genügend große Becken und Versteckmöglichkeiten sorgen muss.
Die wichtigsten Gruppen der Riffbarsche sind die Clownfische, die Schwalbenschwänzchen, die eigentlichen Riffbarsche und die Demoisellen. Alle Arten sind meist recht ausdauernd und fressen gerne jegliches Frostfutter.

Schleimfische (Blenniidae)

Schleimfische leben in Bodennähe an Riffen und Felsküsten. Sie sind meist etwas gedrungen und haben ein unterständiges Maul, mit dem sie Aufwuchs und Algen fressen. Sie benötigen Felsen mit vielen Spalten und Höhlen, sind also ideale Fische für ein Riffaquarium, zumal sie Grünalgen unter Kontrolle halten. Eine Besonderheit unter den Schleimfischen ist der falsche Putzerfisch oder Putzernachahmer *Aspidontus taeniatus*. Er imitiert sowohl im Aussehen als auch in seiner Schwimmweise den echten Putzerfisch. Nähert sich ein argloses Opfer, so sucht er nicht nach Parasiten, sondern beißt blitzschnell Stücke aus der Haut oder den Flossen.

Feenbarsche (Grammatidae)

Feenbarsche kommen nur im Atlantik vor. Sie leben in den Ästen von Korallen und in Felsspalten am Riff, immer in der Nähe von Verstecken und in Gruppen. Im Aquarium sind sie gut zu pflegen.

Pfeilgrundeln (Microdesmidae)

Pfeilgrundeln stehen im Riff meist über ihren Versteckplätzen, um Zooplankton zu jagen. Der Körper ist lang gestreckt und oft sehr farbenprächtig. Mitunter können die Tiere im Aquarium recht bissig werden, deswegen ist eine Einzel- oder Pärchenhaltung ratsam.

Doktorfische (Acanthuridae)

Doktorfische besitzen skalpellartige Knochenstacheln an beiden Seiten der Schwanzwurzel. Sie leben in der Natur entweder in Gruppen oder Paaren an Riffplatten bzw. ziehen in Schwärmen über die Riffdächer. Erwachsene Tiere sind sehr schwer einzugewöhnen, nach der kritischen Anfangsphase aber gut zu halten. Doktorfische bevorzugen pflanzliche Nahrung und weiden Algen und Aufwuchs ab. Daher unbedingt auf pflanzliche Beikost achten. Füttern Sie Doktorfische mehrmals täglich, da sie Nahrung in kleinen Mengen aufnehmen. Im Aquarium sollten sie genug Schwimmraum haben. *Acanthurus*-Arten sind sehr anfällig für Erkrankungen. Da viele Arten im Aquarium zu Aggressionen gegenüber Artgenossen neigen, sollten sie besser einzeln gepflegt werden.

Zwergbarsche (hier Pseudochromis paccagnellae) sind farbenprächtig und gut haltbar.

Zwergbarsche (Pseudochromidae)

Sie sind für ein Meerwasserbecken sehr geeignet, da sie meist klein bleiben und farbenprächtig sind. Allerdings können Zwergbarsche je nach Art spezielle Ansprüche stellen und recht zänkisch werden. Einige Zwergbarscharten sind bereits erfolgreich in Gefangenschaft gezüchtet worden. Die Tiere leben in den Ästen von Korallen und in Felsspalten am Riff, immer in der Nähe von Verstecken. Einige Arten (*Pseudochromis paccagnellae*) benötigen viele Lebende Steine, um darauf den Aufwuchs zu picken. Sie nehmen kein anderes Futter zu sich, halten sich in einem alteingerichteten Riffbecken aber trotzdem sehr gut. Ansonsten sind Zwergbarsche Allesfresser. Wenn Sie mehrere Exemplare einer Art halten, sollten Sie ein großes Becken mit sehr vielen Verstecken bieten, da sich die Fische sonst arg zerbeißen.

Röhrenmäuler (Syngnathidae)

Seepferdchen werden gerne gehalten, weil sie sehr exotisch aussehen. Allerdings ist ihre Haltung recht schwierig, man sollte sie in einem Spezialaquarium pflegen. Da sie langsam schwimmen, werden sie von anderen Fischen häufig zerbissen und finden keine Nahrung. Die Fortbewegung erfolgt mit Hilfe einer Rückenflosse und nahezu unsichtbaren Flossen hinter dem Ohr; mit ihrem Greifschwanz halten sie sich an einem Stück Alge oder Koralle fest. Ein Sandboden mit einigen Felsen und sehr viel *Caulerpa*-Algen sind die richtige Umgebung für Seepferdchen. Diese faszinierenden Wesen können ihre Augen unabhängig voneinander bewegen: Während ein Auge die Nahrung beobachtet, hält das andere nach Feinden Ausschau.

Einzigartig ist auch ihre Fortpflanzung: Das Weibchen legt die Eier in die Bauchtasche des Männchens, wo sie befruchtet werden. Bei der Paarung umschlingen sich beide mit den Schwänzen. Für die etwa vierwöchige „Schwangerschaft" und weitere Entwicklung des Nachwuchses ist nur noch das Männchen verantwortlich.

Seenadeln eignen sich besonders gut als Beckengenossen für Seepferdchen, da sie ähnliche Ansprüche haben.

Falterfische (hier Chaetodon semilarvatus) sind sehr heikle Aquarienpfleglinge.

Drachenköpfe (Scorpenidae)

Vorsicht: Alle diese Fische sind giftig! Viele Arten wie Steinfische sind kaum von der Umgebung zu unterscheiden. Sie lauern am Boden und fangen unvorsichtige Fische durch die Sogwirkung ihres schnell aufgerissenen Maules. Rotfeuerfische werden häufiger im Handel angeboten als andere Arten. Ein Aquarium, in dem Drachenköpfe gehalten werden, sollte ein großflächiges Geröllbecken mit Tarn- und Versteckmöglichkeiten für Bodenbewohner oder einen Riffhang mit Freiraum für die dämmerungsaktiven Rotfeuerfische bieten.

Mirakelbarsche (Plesiopidae)

Mirakelbarsche leben meist versteckt in Korallenriffen und sind nachtaktiv. Sie ernähren sich von Kleinkrebsen, Garnelen und kleineren Fischen, daher: als Beckengenossen nur ausreichend große Fische halten, die die Mirakelbarsche nicht verschlucken können.

Kardinalbarsche (Apogonidae)

Diese sehr artenreiche Familie der meist dämmerungs- oder nachtaktiven, klein bleibenden Fische sind gute Aquarienzöglinge. Sie sind ortstreu, wobei Jungfische häufig in den Stacheln von Seeigeln leben. Die Tiere bevorzugen ruhigeres Wasser und Versteckmöglichkeiten unter Überhängen. Als Nahrung dienen größeres Plankton, Garnelen und kleinere Fische. Sie sind unbedingt in einer kleinen Gruppe zu halten. Einige maulbrütende Arten sind schon erfolgreich in Aquarien nachgezüchtet worden.

Falterfische (Chaetodontidae)

Die Schmetterlingsfische mit etwa 120 Arten werden auch als Juwelen der Korallenriffe bezeichnet. Viele Arten leben in ausdauernder Monogamie, wobei jedes Pärchen ein bestimmtes Revier verteidigt. Sie picken und zupfen andauernd an Korallen oder in Felslöchern. Schmetterlingsfische reagieren sensibel auf schlechte Wasserqualität und sind Nahrungsspezialisten, die je nach Art Moostierchen, Korallenpolypen, Scheiben- und Krustenanemonen, Hydroide, Krebschen, Algen, Würmer, Aufwuchs etc. zu sich nehmen. Deswegen ist ihre Haltung für den Anfänger kaum möglich, nur sehr wenige Arten kommen überhaupt für eine Aquarienhälterung in Frage (Punktstreifen-Falterfisch, Zigeunergaukler, Wimpelfisch, Pinzettfisch). Als Ernährung kommt viel Lebendfutter wie *Artemia*, *Mysis*, Würmer und Frostfutter (Muschelfleisch, Mückenlarven, *Tubifex* etc.) in Betracht. Auch Algen werden als Zusatzkost gebraucht. In der Vergesellschaftung mit anderen Korallenfischen gibt es kaum Probleme.

Kaiserfische (Pomacanthidae)

Sie gehören mit ihren ausgefallenen Mustern zu den schönsten Fischen überhaupt; die großen Arten sind jedoch sehr teuer. Einige Kaiserfische sind Nahrungsspezialisten; sie fressen fast ausschließlich Schwämme und Manteltiere. Andere Arten wiederum bevorzugen Algen und darin enthaltene Organismen wie Krebse und Würmer, wieder andere Plankton. Jungtiere sollten Sie an Ersatzfutter gewöhnen können, bei älteren Tieren gelingt dies in der Regel kaum. Kaiserfische zeigen während der Jugendzeit ein auffallend anderes Farbkleid als erwachsene Tiere. Klein bleibende Arten wie Herzogfische sind unter Umständen im Aquarium mit Korallen und Wirbellosen zu vergesellschaften, während größere Arten diese als Nahrung betrachten. Größere Tiere unbedingt einzeln in einem reinen Fischbecken halten, da sich mehrere Tiere bekämpfen würden; kleinere Tiere (je nach Art) in Gruppen oder Paaren.

Da die Ernährung meist sehr spezifisch ist, kann die Eingewöhnung sehr schwer werden. Am besten geht es sicherlich in einem Becken mit vielen Lebenden Steinen mit Algenbewuchs, wo auch der Aufwuchs als Zusatznahrung hilft. Einige Arten sind dann recht ausdauernd. Als Futter kommt Lebendfutter wie *Mysis*, Artemien etc. oder auch Frostfutter, Salat und sogar Trockenfutter in Betracht. Gute Strömung, viel Schwimmraum und sehr sauberes Wasser sind natürlich Bedingung. Zwerg-Kaiserfische erreichen eine maixmale Länge von 12,5cm.

Kaiserfische (hier Pomacanthus xanthometopodon) sind wegen ihrer Farbenpracht sehr beliebt, jedoch heikel.

Lippfische (Labridae)

Die Lippfische sind sehr artenreich und in Korallenriffen weit verbreitet. Sie ernähren sich gerne von Schnecken und Krebsen, auch Stachelhäuter, Würmer, Fischeier, Jungfische etc. stehen auf ihrem Speiseplan. Bekannt sind Ihnen sicherlich die Putzer-Lippfische, die die Haut ihrer Patienten von Parasiten befreien. In der Natur ernähren sie sich ausschließlich auf diese Weise. Die kleiner bleibenden Arten sind sehr gut für ein Meerwasseraquarium geeignet und leicht zu halten. Größere Tiere sollten Sie einzeln halten. Die Eingewöhnungsphase kann bei Lippfischen schwierig sein, da sie sich bei Nacht und Angst in Felsspalten oder Korallensand verstecken und nicht ans Futter kommen. Bitte füllen Sie Lippfischen eine mindestens 5cm hohe Korallenschicht ins Aquarium, damit sie die für ihr Wohlbefinden nötigen Verstecksplätze finden. Ältere Tiere werden manchmal etwas bissig.

Der Schnabel-Lippfisch (Gomphosus varius) ist ein eifriger Schwimmer.

Leierfische (Callionymidae)

Leierfische leben meist bodengebunden und bleiben verhältnismäßig klein. In ihrem natürlichen Lebensraum leben sie eher versteckt, oft auch paarweise zusammen. Sie besitzen keine Schuppen, sondern eine von einer Schleimschicht umhüllte Haut. In Aquarien wurde schon häufiger ein Ablaichen beobachtet, wobei auch die Aufzucht vereinzelt gelungen ist. Der LSD-Mandarinfisch und der Glänzende Mandarinfisch sind die bekanntesten Vertreter dieser Art, die im Heimaquarium gehalten werden.

Drückerfische (Balistidae)

Drückerfische können ihre Rückenflosse steil aufstellen, verriegeln und sich mit ihr in Felsspalten verankern. Sie besitzen sehr große, kräftige Zähne und können sehr aggressiv sein, besonders zur Laichzeit. Drückerfische benötigen viel Schwimmraum sowie Versteck- und Schlafplätze. Sie können nicht mit Wirbellosen vergesellschaftet werden, da Seeigel, Seesterne, Muscheln, Krebse und Korallen zu ihrer natürlichen Nahrung zählen. Daher füttern Sie sie am besten mit Muschelfleisch, Garnelen, Schnecken und evtl. Rinderherz und kleineren Fischen. Auch mit Artgenossen können sie – außer in sehr großen Anlagen – nicht vergesellschaftet werden. Achten Sie auf eine starke Strömung und Filterung. Auf Grund ihrer relativen Unempfindlichkeit sind Drückerfische für Einsteiger in die Aquaristik gut geeignet.

PORTRÄT BELIEBTE MEERESFISCHE

▶ Clownfisch
Amphiprion ocellaris
(Riffbarsche, Pomacentridae)

VORKOMMEN Östlicher und westlicher Indopazifik, Australien.
GRÖSSE 8 cm.
BESCHREIBUNG Orange, mit weißen Querbinden, die einen schmalen schwarzen Saum tragen.
PFLEGE Nicht ganz so robust, aber wenn einmal eingewöhnt, dann haltbar. Am besten im Artaquarium pflegen. Optimal ist eine paarweise Hälterung, aber in genügend großen Becken können auch mehrere Tiere eingesetzt werden. Eine Wirtsanemone ist unbedingt zu empfehlen.
FÜTTERUNG Nimmt im Aquarium leicht Ersatzfutter, Trockenfutter, alle gängigen Frostfuttersorten.
AQUARIENEIGNUNG +++
VERGESELLSCHAFTUNG Überaus gut mit allen Wirbellosen zu vergesellschaften.
BESONDERHEITEN Geht auch als Ersatz in andere Anemonen oder gar Korallen. Laicht häufiger in Aquarien in der Nähe der Anemone ab. Die Aufzucht ist schon gelungen.

▶ Gelbschwanzdemoiselle
Chrysiptera parasema
(Riffbarsche, Pomacentridae)

VORKOMMEN Westlicher Pazifik, östlicher Indopazifik.
GRÖSSE 5 cm.
BESCHREIBUNG Klein bleibender, dunkelblau gefärbter Fisch mit gelber Schwanzflosse.
PFLEGE Leicht zu pflegen. Die Tiere können zu mehreren eingesetzt werden, sind aber dann mit anderen Zwergbarschen und Artgenossen recht zänkisch. Gute Versteckmöglichkeiten bieten!
FÜTTERUNG Nimmt im Aquarium leicht Ersatzfutter, Trockenfutter, alle gängigen Frostfuttersorten.
AQUARIENEIGNUNG +++
VERGESELLSCHAFTUNG Überaus gut mit allen Wirbellosen zu vergesellschaften.
BESONDERHEITEN Laicht häufiger in Aquarien ab. Aufzucht schon gelungen, aber recht schwierig. Die verwandte Art Blaue Demoiselle (*Chrysiptera cyanea*) ist etwas zänkischer.

▶ **Grünes Schwalbenschwänzchen**
Chromis viridis
(Riffbarsche, Pomacentridae)

VORKOMMEN Rotes Meer und Indopazifik.
GRÖSSE 8 cm.
BESCHREIBUNG Barschartiges Aussehen, silbrig bis grünlich. Auf Riffdächern und Riffhängen, eng an Korallen gebunden.
PFLEGE Etwas schwieriger zu pflegen. Unbedingt eine Gruppe einsetzen.
FÜTTERUNG Akzeptiert am ehesten frei flutendes Futter, am besten Plankton. Öfter füttern. Geht auch an Ersatzfutter, dann etwas besser haltbar.
AQUARIENEIGNUNG ++
VERGESELLSCHAFTUNG Problemlos mit anderen Wirbellosen und Fischen zu vergesellschaften.
BESONDERHEITEN In freier Natur häufig in großen Schwärmen auftretend. Eine andere Art der Gattung, das Zweifarben-Schwalbenschwänzchen (*Chromis dimidiata*) ist auch sehr häufig im Handel. Bei guter und regelmäßiger (Plankton)-Fütterung sind beide Arten annehmbar zu hältern. Die Tiere laichen regelmäßig im Aquarium ab und wurden vereinzelt schon gezüchtet.

▶ **Weichflossen-Wippschwimmer**
Ecsenius frontalis
(Schleimfische, Blenniidae)

VORKOMMEN Rotes Meer, arabischer Golf.
GRÖSSE 8 cm.
BESCHREIBUNG Grundfarbe braun, mit heller Schwanzflosse oder Unterseite gelblich, mit gelblicher Schwanzflosse.
PFLEGE Relativ leicht zu pflegen, sofern genügend Algen vorhanden sind. Schmettert sein unten stehendes Maul auf das Substrat, um Algen abzurupfen. Versteckt sich in Höhlen, in die er rückwärts hineinschwimmt.
FÜTTERUNG: Frisst Algen und Aufwuchs, nimmt aber auch Ersatzfutter. Bitte möglichst pflanzliche Beikost reichen.
AQUARIENEIGNUNG +++
VERGESELLSCHAFTUNG Lässt sich sehr gut mit anderen Wirbellosen und Fischen vergesellschaften.
BESONDERHEITEN Nimmt sogar die Ausströmöffnungen von Aquarienpumpen als Wohnhöhle an, sofern diese nur zeitweise in Betrieb sind. Liegt wie alle Schleimfische gerne auf etwas erhöhtem Beobachtungsposten. Die Tiere leben in der Natur versteckt hin und her huschend in Felsen oder zwischen Korallen. Sehr guter Algenvertilger. Sein ähnlich aussehender Verwandter *E. bicolor* ist etwas farbenprächtiger.

▶ **Dekor-Schwertgrundel**
Nemateleotris decora
(Pfeilgrundeln, Microdesmidae)

VORKOMMEN Indopazifik.
GRÖSSE 8 cm.
BESCHREIBUNG Körper längs gestreckt, sehr schön gefärbt, Grundfarbe grauweiß bis orange, auch Blautöne. Hinterer Teil und Schwanzflosse violett, mit orangen Säumen. Kopf violett.
PFLEGE Problemlos. Sie leben in größeren Tiefen und stehen als Strömungsjäger über ihrem Versteck, um Plankton zu fangen. Mindestens zwei Tiere einsetzen.
FÜTTERUNG Am besten lebendes, größeres Plankton, *Artemia*, *Mysis*. Das Ersatzfutter wird nur vorbeischwebend akzeptiert. Bei guter Fütterung recht ausdauernd.
AQUARIENEIGNUNG ++
VERGESELLSCHAFTUNG Problemlos mit anderen Wirbellosen zu vergesellschaften.
BESONDERHEITEN Recht schreckhaft, sie springen manchmal aus dem Becken oder landen im Überlauf.

▶ **Königs-Feenbarsch**
Gramma loreto
(Feenbarsche, Grammatidae)

VORKOMMEN Weit verbreitet in der Karibik bis nach Brasilien.
GRÖSSE 8–10 cm.
BESCHREIBUNG Vorne leuchtend blau-violett, dann eine Übergangszone zum knallgelben Hinterteil.
PFLEGE Leicht zu halten, kann in größeren Becken zu mehreren eingesetzt werden. Etwas scheu, kann aber gegen Artgenossen aggressiv werden.
FÜTTERUNG Eigentlich Zooplankton, nimmt aber auch Ersatzfutter wie Trocken- und Frostfutter.
AQUARIENEIGNUNG +++
VERGESELLSCHAFTUNG Lässt sich problemlos mit anderen Wirbellosen vergesellschaften.
BESONDERHEITEN Sehr reviertreu, bereits mehrfach erfolgreich nachgezüchtet, vor allem in Amerika. Der verwandte Schwarzkappen-Feenbarsch (*Gramma melacara*) ist sehr viel seltener und etwas schwieriger zu halten.

Zitronensegelflosser
Zebrasoma flavescens
(Doktorfische, Acanthuridae)

VORKOMMEN Ryukyu-Inseln bis Hawai.
GRÖSSE 15 cm im Aquarium, in der Natur größer.
BESCHREIBUNG Hoher, flacher Körper mit ausgezogener Schnauze. Gesamter Körper zitronengelb.
PFLEGE Einer der am häufigsten gehaltenen Doktorfische. Relativ problemlos zu halten. In größeren Aquarien verträgt sich auch eine Gruppe gut, sofern gleichzeitig eingesetzt. Fleißiger Algenfresser, der auch kurze Fadenalgen verzehrt.
FÜTTERUNG Algen und Aufwuchs, akzeptiert das meiste Ersatzfutter. Pflanzliche Beikost ist unbedingt nötig.
AQUARIENEIGNUNG +++
VERGESELLSCHAFTUNG Sehr gut mit anderen Wirbellosen, kann aggressiv gegenüber Artgenossen oder anderen Doktorfischen werden.
BESONDERHEITEN Sehr schwimmfreudig, benötigt viel Freiraum und Versteckmöglichkeiten.

Segel-Seebader
Zebrasoma desjardinii
(Doktorfische, Acanthuridae)

VORKOMMEN Indischer Ozean und Rotes Meer.
GRÖSSE 20 cm, in der Natur bis 40 cm.
BESCHREIBUNG Seitlich hochgedrückter, flacher Körper. Braun-olive-graue Farbe mit gelb-weißen Querstreifen. An der Schwanzflosse und Bauchflosse oft gelblich, Kopfregion ebenfalls gelb gezeichnet.
PFLEGE Recht einfach zu halten, sehr guter Algenvertilger, der sogar an Blasenalgen (*Valonia*) gehen soll. In größeren Becken auch gut mit Artgenossen zu vergesellschaften. Ansonsten kann er aggressiv werden.
FÜTTERUNG Algen, pflanzliche Beikost, Trocken- und Frostfutter.
AQUARIENEIGNUNG +++
VERGESELLSCHAFTUNG Problemlos mit Wirbellosen. Manchmal aggressiv gegen andere Doktorfische.
BESONDERHEITEN Ähnliche Art: *Zebrasoma veliferum*, der im östlichen Indopazifik und im Roten Meer lebt.

König-Salomon-Zwergbarsch
Pseudochromis fridmani
(Zwergbarsche, Pseudochromidae)

VORKOMMEN Rotes Meer.
GRÖSSE 7 cm.
BESCHREIBUNG Lang gestreckter, violett-purpurner Fisch mit dunklem Augenstreifen.
PFLEGE Sehr gut für ein Korallenriffaquarium geeignet. Am besten in einer Gruppe pflegen. Braucht viele Versteckmöglichkeiten.
FÜTTERUNG Frisst in der Natur kleine Krebse und Garnelen. Im Aquarium nimmt er jegliches Ersatzfutter.
AQUARIENEIGNUNG +++
VERGESELLSCHAFTUNG Problemlos mit Korallen, kann jedoch kleinere Garnelen belästigen.
BESONDERHEITEN Lebt in der Natur in Gruppen an Riffspalten. Manchmal aggressiv gegenüber anderen Zwergbarschen. Ist im Aquarium schon häufiger nachgezüchtet worden.

Seepferdchen
Hippocampus spec.
(Röhrenmäuler, Syngnathidae)

VORKOMMEN Südlicher Indopazifik.
GRÖSSE 10 cm.
BESCHREIBUNG Seepferdchen besitzen einen pferdeähnlichen Kopf, einen lang gestreckten Körper und einen spiralig aufrollbaren Schwanz. Die Färbung ist je nach Art variabel, meist grau oder braun, manchmal gelb.
PFLEGE Unbedingt im Artenbecken halten. Sie benötigen *Caulerpa*-Algen oder andere Substrate zum Festhalten und nur wenig Strömung und Licht.
FÜTTERUNG Sie beäugen ihr Futter erst und schwimmen langsam heran, um es dann durch das Röhrenmaul einzusaugen. Mehrmals täglich mit *Mysis* oder *Artemia* (auch Frostfutter) füttern.
AQUARIENEIGNUNG ++
VERGESELLSCHAFTUNG Fische beunruhigen die langsamen Tiere zu sehr und auch an Korallen vernesseln sie sich. Allenfalls Krusten- und Scheibenanemonen sind geeignet.
BESONDERHEITEN Zucht öfter gelungen.

Rotfeuerfisch
Pterois volitans
(Drachenköpfe, Scorpaenidae)

VORKOMMEN Indopazifik.
GRÖSSE Bis 30 cm.
BESCHREIBUNG Bizarr geformter Fisch mit lang ausgezogenen Flossenstrahlen. Breite rote und schmale weiße Querbinden.
PFLEGE Vorsicht, giftig! Eigentlich gut haltbar, Eingewöhnung manchmal schwierig. Sehr gute Filterung und Abschäumung wegen des Stoffumsatzes nötig. Große Aquarien mit Versteckplätzen bieten.
FÜTTERUNG Dem Jäger kleinerer Fische und Krebstiere auch diese anbieten. Nimmt auch größere Brocken von Frostfutter.
AQUARIENEIGNUNG +
VERGESELLSCHAFTUNG Nicht mit kleineren Fischen, Krebstieren und Garnelen.
BESONDERHEITEN Die Flossenstrahlen besitzen Giftdrüsen! Bei Verletzungen unbedingt den Arzt aufsuchen. Die Fische haben im Aquarium bereits abgelaicht. Die Aufzucht ist jedoch noch nicht gelungen. Die ähnliche Art *Pterois miles* ist von *Pterois volans* kaum zu unterscheiden.

Pfauenaugen-Mirakelbarsch
Calloplesiops altivelis
(Mirakelbarsche, Plesiopidae)

VORKOMMEN Rotes Meer, Arabisches Meer, Malediven.
GRÖSSE 15 cm.
BESCHREIBUNG Braun-grau, mit vielen weißen Pünktchen. Ein großes Augenimitat an der hinteren Rückenflosse.
PFLEGE Gut für ein sauberes Riffaquarium mit Versteckmöglichkeiten. Am besten zwei Tiere einsetzen.
FÜTTERUNG Problemlos mit Frost- und Trockenfutter.
AQUARIENEIGNUNG +++
VERGESELLSCHAFTUNG Sehr gut mit Korallen. Kann sehr kleine Fische oder Garnelen durchaus auch mal als Vorspeise betrachten.
BESONDERHEITEN Mehrfach erfolgreich nachgezüchtet. Droht durch Aufreißen des weiß ausgekleideten Maules. Eher scheu und versteckt lebend.

Banggai-Kardinalfisch
Pterapogon kauderni
(Kardinalbarsche, Apogonidae)

VORKOMMEN Banggai-Inseln und Umgebung im Indopazifik.
GRÖSSE 10 cm.
BESCHREIBUNG Grau, mit breiten schwarzen und schmalen weißen Querbinden.
PFLEGE Recht einfach zu halten; Modefisch der letzten Jahre. Am besten eine kleine Gruppe halten. Wie viele Kardinalbarsche sind sie Maulbrüter.
FÜTTERUNG Sie bevorzugen Plankton und kleine Krebstiere, nehmen aber schnell das übliche Trocken- und Frostfutter.
AQUARIENEIGNUNG +++
VERGESELLSCHAFTUNG Problemlos mit Korallen. Sollte mit ruhigen Fischen und Diademseeigeln vergesellschaftet werden.
BESONDERHEITEN Viele gelungene Aufzuchten. Die Jungfische leben in Diademseeigeln. Das Problem einer möglichen Ausrottung am Fundort besteht noch!

Orangebinden-Pinzettfisch
Chelmon rostratus
(Falterfische, Chaetodontidae)

VORKOMMEN Östlicher Indopazifik.
GRÖSSE 20 cm.
BESCHREIBUNG Grundfarbe Weiß, mit orangen Querbinden, ausgezogener Pinzettschnauze und dunklem Augenfleck.
PFLEGE Wird als Fresser von Glasrosen (Aiptasien) propagiert, geht aber auch gerne an andere Nesseltiere und Röhrenwürmer. Etwas heikel in der Pflege. Benötigt gute Wasserqualität und ist schwer einzugewöhnen.
FÜTTERUNG Er frisst und pickt kleine Wirbellose wie Krebstiere, aber auch Korallenpolypen und Röhrenwürmer. Als Ersatzfutter eignen sich *Mysis*, *Artemia* und andere Frostfuttersorten. Die Annahme des Futters kann problematisch werden.
AQUARIENEIGNUNG +
VERGESELLSCHAFTUNG Fraglich mit Korallen, gut mit anderen Fischen.
BESONDERHEITEN Bei wirklich guter Pflege kann dieser schöne Fisch auch als Paar jahrelang erfolgreich gehältert werden.

Blaubrauner Herzogfisch
Centropyge multispinis
(Kaiserfische, Pomacanthidae)

VORKOMMEN Westlicher Indopazifik.
GRÖSSE 13 cm.
BESCHREIBUNG Typische Form eines kleinen Kaiserfisches, die auch Herzogfische genannt werden. Meist braun, mit dunkleren Streifen.
PFLEGE Lebt eher versteckt in Riffspalten und Korallen. Vergreift sich manchmal auch an den Polypen von Nesseltieren.
FÜTTERUNG In der Natur Algen und Aufwuchs sowie kleine Krebse. Im Aquarium akzeptiert er das übliche Ersatzfutter sowie Trockenfutter.
AQUARIENEIGNUNG ++
VERGESELLSCHAFTUNG Korallen fraglich, ansonsten problemlos.
BESONDERHEITEN Eigentlich sehr gut zu pflegen, am besten zwei Exemplare halten. In einem Riffaquarium gut füttern, damit er die Korallen in Ruhe lässt.

Schnabel-Lippfisch
Gomphosus caerulus
(Lippfische, Labridae)

VORKOMMEN Rotes Meer und westlicher Indopazifik.
GRÖSSE 30 cm.
BESCHREIBUNG Hat einen für Lippfische ungewöhnlich langen Schnabel. Männchen sind eher grünlich, Weibchen mit heller Grundfarbe.
PFLEGE Benötigt viel Schwimmraum und größere Becken. Lässt sich ganz gut in einem Riffaquarium mit entsprechenden Felsaufbauten pflegen.
FÜTTERUNG In der Natur pickt er Krebschen, Muscheln, Seesterne und Aufwuchs nebst Algen aus Felsritzen und Spalten. Er muss erst an frei im Wasser vorliegendes Ersatzfutter, das er jedoch gerne nimmt, gewöhnt werden.
AQUARIENEIGNUNG ++
VERGESELLSCHAFTUNG Gut mit Korallen, mit anderen Wirbellosen etwas schlechter.
BESONDERHEITEN Ähnliche Art *G. varius* kommt im Ostpazifik vor und wird häufiger eingeführt.

▶ **Glänzender Mandarinfisch**
Synchiropus splendidus
(Leierfische, Callionymidae)

VORKOMMEN Westpazifik.
GRÖSSE 10 cm.
BESCHREIBUNG Ein wunderschön gefärbter Fisch mit exotischer Flossenfärbung, die an die Prachtkostüme chinesischer Mandarine erinnert. Die Grundfärbung ist grün, blau oder rot, mit pittoresker Punkt- und Strichzeichnung.
PFLEGE Er sollte erst in einem gut eingefahrenen Riffbecken, in dem sich genügend Mikrolebewesen entwickelt haben, gepflegt werden. Vergesellschaftung mit ruhigen Fischen und vielen niederen Tieren in einem Korallengarten.
FÜTTERUNG In der Natur Kleinstlebewesen und Aufwuchs. Im Aquarium pickt und zupft er ebenfalls in Spalten und Löchern. Oftmals nimmt er kaum Ersatzfutter (Kleinkrebse), sondern ernährt sich ausschließlich vom Mikrobewuchs des Riffaquariums.
AQUARIENEIGNUNG ++
VERGESELLSCHAFTUNG Mit ruhigen Fischen in einem Korallenriffbecken keinerlei Problem.
BESONDERHEITEN Schwebt wie ein Hubschrauber mit Chamäleonaugen im Becken umher.

▶ **Rotzahn- Drückerfisch**
Odonus niger
(Drückerfische, Balistidae)

VORKOMMEN Indopazifik.
GRÖSSE 45 cm.
BESCHREIBUNG Violettblau bis ins dunkelgrün hinein. Gesicht heller, mit blauen Streifen.
PFLEGE Große Becken, am besten reine Fischbecken mit sehr viel Schwimmraum. Im Freiwasser in Schwärmen auf Planktonsuche. Versteckt sich bei Gefahr aber auch im Riff.
FÜTTERUNG Dementsprechendes Futter wie Plankton bieten, nimmt aber auch gerne mundgerechtes Ersatzfutter, Salinenkrebse u. Ä.
AQUARIENEIGNUNG +
VERGESELLSCHAFTUNG Weniger gut im Riffbecken und mit Wirbellosen.
BESONDERHEITEN Kann sich an Korallen vergreifen. Er ist – wie alle Drückerfische – recht aggressiv gegenüber Artgenossen.

ÜBERBLICK BELIEBTE WIRBELLOSE TIERE

Wirbellose sind Tiere, die keine Wirbelsäule besitzen. Dazu gehören Insekten, Spinnen, Würmer und eine Vielzahl an Meeresbewohnern wie Korallen, Krebse, Seeigel, Schnecken, Schwämme, Quallen u. v. a., die einen kaum überschaubaren Farben- und Formenreichtum ausgebildet haben.
Wirbellose sind hinsichtlich Wasserqualität, Fütterung und Beleuchtung meist empfindlicher als Fische. Das sollten Sie bedenken, wenn Sie Ihr Meerwasseraquarium nicht nur mit Fischen besetzen, sondern es zum Riffaquarium machen wollen. Ganz wichtig: Kupfer ist tödlich für Wirbellose! Wenn Sie Ihre Fische mit kupferhaltigen Medikamenten behandeln müssen, tun Sie das bitte unbedingt in einem Extrabecken.

Schlangenseesterne sind nützliche Beckeninsassen.

Korallen

Korallen sind Hohltiere, die in Kolonien stehen. Meistens ernähren sie sich mittels Zooxanthellen, mit denen sie in einer symbiontischen Beziehung stehen: Weder Koralle noch Zooxanthellen könnten ohne den Partner überleben. Zooxanthellen sind einzellige Algen, die durch Photosynthese aus Kohlenstoff und Wasser energiereiche organische Verbindungen und Sauerstoff erzeugen, die dem Korallenpolyp als Nahrung dienen. Voraussetzung für die Photosynthese ist Licht; daher kommt bei der Hälterung bestimmter Korallenarten dem richtigen Licht große Bedeutung zu. Einige Korallenarten nehmen mit der Mundöffnung auch gelöste organische Stoffe oder Plankton aus dem Wasser auf, manche fressen sogar größere Fleischbrocken.
Korallen sind überwiegend getrenntgeschlechtlich, wobei jedoch unterschiedliche Erscheinungsformen auftreten können. Die Fortpflanzung kann geschlechtlich und ungeschlechtlich erfolgen. Die ungeschlechtliche Vermehrung erfolgt durch Teilung oder Knospung (© 114 Zucht). Die geschlechtliche Vermehrung von Korallen durch die Abgabe von Samenzellen und Eiern ist im Aquarium eine absolute Seltenheit, da die Larven meist durch die Filter absorbiert werden. In der Natur jedoch ist sie ein beeindruckendes Schauspiel. Sie erfolgt nur in einigen wenigen Nächten im Jahr, vermutlich ist der Mondzyklus für die Steuerung des Ablaichens zuständig.
Man unterteilt Korallen auch in riffbildende und nicht riffbildende Arten. Die Riffbilder scheiden mittels eines komplexen Vorganges permanent Kalk ab, der zum Aufbau des Korallenskeletts und letztlich so auch zum Riffbau verwendet wird.
Korallen werden von Fischen als Verstecke, Nahrung und „Putzgehilfen" genutzt, indem sie Parasiten an deren Oberflächen abstreifen oder von den Polypen entfernen lassen.

Viele Weichkorallen gehen des Nachts auf Planktonfang.

Steinkorallen (Scleractinia/Madreporaria)

Steinkorallen sind meist Riff bildend, da sie Kalk abscheiden. Schon seit dem Paläozoikum, seit etwa 500 Millionen Jahren also, existieren Steinkorallen. Sie haben maßgeblich an der Gestaltung unserer Erde mitgewirkt. Fast alle Steinkorallen leben innerhalb eines warmen Gürtels, je kälter es wird, desto weniger Steinkorallenarten wird man finden. Meistens wachsen sie auch nicht in Tiefen unter 50 m, da sie auf Grund der Zooxanthellen sehr lichtabhängig sind. Steinkorallen können solitär, sozusagen als riesiger Einzelpolyp, oder in Kolonieform mit wenigen bis zu vielen Tausend Individuen leben. Steinkorallen sind empfindliche Organismen und nicht einfach zu pflegen, für Einsteiger sind sie nicht geeignet. Besonders schwierig zu halten sind z. B. Rosenkorallen oder die Goldene Rohrkoralle.

Das Becken muss beim Besatz mit Steinkorallen sehr stabil sein und die Technik ohne Probleme funktionieren. Steinkorallen können somit erst nach mindestens sechs bis zwölf Monaten in ein neu eingerichtetes Becken gesetzt werden, wobei dieses nicht zu sehr von Weichkorallen dominiert sein darf. Steinkorallenbecken sollten wenig Fischbesatz aufweisen, damit sich durch die Fütterung und Ausscheidungen der Fische nicht zu viel Phosphat und Nitrat im Becken ansammeln. Am besten geeignet zur Vergesellschaftung sind Doktorfische, Korallenwächter, Schleimfische, Garnelen und Seesterne.

Röhrenkorallen (Clavulariidae)

Röhrenkorallen gibt es in vielen Farben. Sie bilden große, mattige Flächen, bei denen die Einzelpolypen stark gefiedert herausschauen. Die gesamte Kolonie ist durch das Geflecht miteinander verbunden, wobei sie wie ein kleines Federnfeld wirkt.
Die Tentakeln der Röhrenkorallen zeigen eine achtstrahlige Symmetrie und erinnern an Seesterne. Polypen von Röhrenkorallen werden nicht länger als 1,5 cm. Droht Gefahr, z. B. durch Fressfeinde, ziehen sich die Polypen in die Basis zurück. *Clavularia*-Arten sind gut zu pflegen und für den Einsteiger ideal, während *Tubipora*-Arten (Orgelkorallen) relativ empfindlich sind.

Der wunderschöne Pfauen-Kaiserfisch (Pygoplites diacanthus) sollte nicht im Aquarium gehalten werden!

Weich- und Lederkorallen

Fast alle Weich- und Lederkorallen besitzen Schleim produzierende Außenzellen. Die aufliegende Schleimhaut der Korallen schützt den Tierstock und wird regelmäßig abgestoßen. Außerdem scheiden viele Weich- und Lederkorallen organische Stoffe ab, die teilweise giftig sind. In einem Aquarium mit vielen solchen Korallen schaffen sich diese somit durch die Ausscheidungen ein eigenes Milieu, das es schwierig macht, Steinkorallen im gleichen Becken über einen längeren Zeitraum erfolgreich anzusiedeln. Bei einer gemeinsamen Hälterung sollte man deshalb beide Korallenarten in auseinander liegenden Zonen pflegen und zusätzlich sehr gute Abschäumung sowie Aktivkohlefilterung einsetzen.

WEICHKORALLEN (ALCYONIINA; XENIA, ANTHELIA, DENDRONEPHTYA)

Weichkorallen sind sehr artenreich und an unterschiedlichste Lebensbedingungen angepasst. Einige Arten benötigen viel Licht (z. B. Xenien), andere Arten befinden sich in Höhlen in ewiger Dunkelheit (einige *Dendronephtya*-Arten). Die lichthungrigen Arten sind ungleich leichter im Aquarium zu halten als die vielfach bunteren und exotischeren Arten, die nur in einem Dunkelbecken mit entsprechender Planktonfütterung gedeihen können, da sie keine Zooxanthellen besitzen.

Viele Weichkorallen (*Xenia* und *Anthelia*) eignen sich sehr gut für das Aquarium. Sie sind etwas empfindlich für Dichteschwankungen, benötigen aber sonst nur viel Licht, sauberes Wasser und Spurenelemente.

Einige Tiere – wie hier eine **Anemonenkrabbe** – haben sich auf ein Zusammenleben mit Nesseltieren spezialisiert.

Rindenkorallen (Gorgonidae)

Gorgonidae wachsen als verzweigte Stöcke und können in der Natur bis zu 3 m hoch werden. Einige Arten haben eine feste Kalkachse im Inneren, die von Gewebe umwachsen wird. Sie sind in allen Meeren vertreten und können sehr farbenprächtig sein. Leider besitzen nur die wenigsten Arten im Inneren Zooxanthellen und kommen somit für eine leichte Aquarienhaltung in Frage. Gut geeignet sind karibische *Plexaura*-Arten, die durch ihr Aussehen sehr bizarre Akzente im Becken setzen. Außer sauberem Wasser und sehr viel Licht, benötigen sie nicht viel. Eine erfolgreiche Vermehrung durch Ableger ist schon häufiger gelungen.

Anemonen (Actiniaria)

Anemonen bestehen im Gegensatz zu den Korallen nur aus einem großen Polypen. Er ist mit Wasser gefüllt ist und behält so seine Form. Anemonen könnte man als halbsessil bezeichnen, da sie sich durch langsame Wanderung mit dem Fuß einen geeigneten Standort suchen. Manche Arten saugen sich mit diesem Fuß fest, während andere ihn eingraben und dadurch Halt finden.
Über dem Körper haben Anemonen eine Scheibe, die die Mundöffnung enthält sowie die Tentakel. Achtung! Diese Tentakel besitzen Kapseln, die Nesselgift abgeben. Verletzungen können recht schmerzhaft sein! Lassen Sie genügend Abstand zwischen Anemonen und dem benachbarten Tier.
Fast alle Anemonenarten fressen durch ihr Nesselgift getötete Tiere oder transportieren kleinste Partikel mit ihren Tentakeln zur Mundöffnung. Viele ernähren sich auch durch Zooxanthellen.
Clownfische leben meist in einer besonderen Beziehung zu Anemonen, die aber nicht wirklich symbiontisch ist. Die Anemone ist ein

LEDERKORALLEN (SARCOPHYTON, LOBOPHYTON, ALCYONIUM, SINULARIA)

Lederkorallen sind ideale Korallen für Anfänger. Sie wachsen entweder verzweigt oder häufiger pilzförmig, wobei sich die Polypen ganz in das Gewebe zurückziehen können. Das Gewebe wirkt wesentlich fester als bei den Weichkorallen und gleicht gegerbtem Leder. Die Korallen sind meist bräunlich (durch die Zooxanthellen), aber auch grüne, helle und rötliche Formen kommen vor. Sie benötigen nur Licht und regelmäßig entsprechende Spurenelemente. Im Aquarium können manche *Sarcophyton*-Arten innerhalb eines Jahres den Scheibendurchmesser verdoppeln und letztlich zu gigantischen Ausmaßen anwachsen. Bedenken Sie das beim Einsetzen.

Lederkorallen (z.B. Sarcophyton-Arten) sind sehr gut im Aquarium zu halten.

geschütztes Zuhause, das der Fisch heftig verteidigt, was wiederum für die Anemone von Vorteil ist. Clownfische sowie Anemone könnten aber auch ohne einander bestehen.

GLASROSEN

Unter den Anemonen existieren auch Schädlinge: die Glasrosen (*Aiptasia spec.*), die sich sehr schnell im Aquarium vermehren können. Glasrosen sind sehr zart gebaut und schön anzusehen, trotzdem sind sie extrem widerstandsfähig und schädlich. Ihr Nesselgift ist sehr wirksam. Üble Brandflecke auf Korallen, Muscheln etc. sind die Folge. Glasrosen werden meist mit neuen Tieren eingeschleppt; achten Sie beim Kauf darauf, dass Lebende Steine etc., frei von dieser Anemonenart sind.

Krusten- und Scheibenanemonen (Zoanthiniaria, Corallimorpharia)

Die robusten Scheibenanemonen sind sehr gut für Einsteiger geeignet, da sie eine schwächere Strömung und schlechtere Wasserqualität tolerieren. Sie sind schnellwüchsig, ausdauernd und benötigen nicht viel Pflege. Zudem vermehren sie sich recht gut. Krustenanemonen sind kleiner als Scheibenanemonen und haben Tentakel am Rande der Polypen, während Scheibenanemonen größer sind, in der Mitte des Körpers eine gut sichtbare Mundöffnung haben und nur rudimentäre Tentakel besitzen. Krusten- wie Scheibenanemonen ernähren sich über Zooxanthellen und von Kleinkrebsen sowie Plankton.

Riffhummer (hier Enoplometopus daumi) setzen interessante Akzente in Aquarien.

Krebstiere

Es existieren etwa 40.000 Krebstierarten (Crustacea), nur ein Teil davon kommt für ein Aquarium in Frage. Dabei handelt es sich meist um Zehnfußkrebse wie Krabben, Langusten oder Garnelen. Nicht nur wegen ihrer unterschiedlichsten Körperformen- und -farben sind sie attraktive Tiere im Aquarium, sondern auch als Aasfresser und Restevertilger nicht zu unterschätzen.

Krebstiere besitzen alle ein Außenskelett (Exoskelett). In regelmäßigen Abständen häuten sie sich, wobei sich das Tier mit Wasser aufpumpt, bis das Außenskelett reißt und nach vorn abgestreift wird (es verursacht keine Verschmutzung im Aquarium). Da das neue Exoskelett zunächst weich ist und die Tiere damit leicht verwundbar, verstecken sie sich für ein paar Tage. Da die Häutung bei guter Pflege alle vier bis acht Wochen stattfindet, ist auf genügend Rohstoff (Kalk) für den Aufbau des Exoskeletts zu achten.

Krebstiere sind meistens getrenntgeschlechtlich. Große Krebse können sehr räuberisch werden und sind als Fleischfresser nur für sehr große Aquarien geeignet, während Garnelen und kleinere Einsiedlerkrebse meist hervorragend in ein Riffaquarium passen. Sehr gut für ein Riffbecken geeignet sind die Putzergarnelen, die die Fische von lästigen Parasiten befreien. Nehmen Sie sich Zeit, diese spannende Verhaltensweise einmal ausgiebig zu beobachten. Die Fische halten ganz still, während die Putzergarnele den Fischkörper einschließlich Maul und Kiemen „abgrast", um ihn zu reinigen. Regelmäßig suchen die Fische diese „Putzstationen" auf. Achtung! Für manche Fische wie Büschelbarsche oder Drückerfische sind Garnelen ein begehrter Leckerbissen – im Zweifelsfalle auch eine nützliche Putzergarnele. Wenn die Putzergarnele ihr Putzverhalten einstellt, dann wird sie meist zu gut gefüttert.

Andere Garnelen wie Tanzgarnelen sind meist nicht für ein Riffbecken geeignet, da sie sich an Korallen, Krusten- und Scheibenanemonen vergreifen.

Klein bleibende Einsiedlerkrebse (*Paguristes*) spielen als Algen fressende Reinigungs-Crew eine wichtige Rolle in der Aquarienökologie. Bei herbivoren Einsiedlerkrebsen sollten

Schlangenseesterne sind nützliche Restevertilger.

genügend leere Schneckenhäuser in unterschiedlichen Größen im Becken vorhanden sein, die die Einsiedlerkrebse – sie besitzen keine eigenen Schalen – beziehen können. Andere Krebse wie Knallkrebse (Alpheidae) leben paarweise in Symbiose mit Grundeln, wobei die Krebse eine Höhle graben, die sie mit der Grundel teilen. Die Grundel wacht am Eingang und warnt den Partner bei Gefahr. Harlekingarnelen haben sich auf die ausschließliche Ernährung mit Seesternen spezialisiert und sollten somit nur im Artenbecken mit genügendem Seesternersatz gehalten werden.

Stachelhäuter

Zu der großen Gruppe der Stachelhäuter (Echinodermata) gehören Seesterne, Seeigel, Federnsterne, Seegurken und Seelilien. Insgesamt umfasst sie nahezu 6.000 Arten. Ihr außergewöhnliches Aussehen macht sie zu beliebten Pfleglingen im Heimaquarium. Fast alle Stachelhäuter benötigen stabile Wasserbedingungen und sollten nicht mit Luft in Berührung kommen. Sie sind sehr empfindlich für Gifte. Stachelhäuter können nicht mit Kugelfischverwandten vergesellschaftet werden, da sie diesen als Futter dienen.

Seesterne (Asteroidea)

Seesterne sind scheibenförmig und haben meist fünf, öfter auch mehr Arme. Mittels Scheinfüßchen bewegen sie sich langsam, fast schwebend auf jeglicher Oberfläche fort. Viele der getrenntgeschlechtlichen Seesterne ernähren sich von Aufwuchs, einige öffnen mit ihren kräftigen Muskeln auch Muscheln, stülpen ihren Magen über die schmale Öffnung und verdauen die Muschel in der Schale. Manche fressen räuberisch Korallenpolypen (*Acanthaster*).
Gut geeignet für ein Riffbecken sind Schlangensterne und *Linckia*- sowie *Fromia*- Arten. Haarsterne sind sicherlich die schönsten Stachelhäuter, aber leider als reine Planktonfiltrierer für ein übliches Heimaquarium völlig ungeeignet.

Seegurken (hier Holothuria edulis) suchen den Sand nach Fressbarem ab.

Seeigel (Echinoidea)
Seeigel haben meist eine kugelige Form. Der Mund mit fünf Zähnen, mit dem sie Algen und Aufwuchs abweiden, ist auf der Unterseite. Er wird auch die „Laterne des Aristoteles" genannt. Manche Seeigel ernähren sich auch von Korallenpolypen. Der Anus befindet sich auf der Oberseite. Je nach Art werden die Stacheln unterschiedlich lang oder sind kaum zu erkennen. Häufig existieren zwischen den Hauptstacheln viele Sekundärstacheln, Greifzangen und Füßchen, die sich ständig bewegen und Nahrung befördern können.

Seegurken (Holothurioidea)
Die farbenprächtigen Seewalzen und Seegurken sehen aus wie große Würmer, an deren Körperende sich federartige Tentakel befinden. Sie können bis zu 2 m lang werden und sind somit bis auf wenige Ausnahmen kaum für ein Heimaquarium geeignet. Zudem geben einige Arten Giftstoffe bzw. Klebefäden an das Wasser ab oder stoßen ihre Eingeweide aus, wenn sie sich bedroht fühlen, was fatal für den gesamten Tierbesatz des Beckens sein kann.

Weichtiere

Die Weichtiere (Mollusca) sind eine sehr große, heterogene Tiergruppe mit über 140.000 Arten. Dazu gehören Schnecken, Muscheln und Kopffüßer wie Kraken und Tintenfische.

Muscheln (Bivalvia)
Für die Aquaristik besonders geeignet sind viele Muschelarten. Muscheln besitzen eine zweiklappige Schale, die von starken Schließmuskeln gehalten wird. Die meisten Muscheln sind Filtrierer, die mit Hilfe von Wimpern einen konstanten Wasserstrom erzeugen und Nährstoffe aus dem Wasser herausfiltern. Gut geeignet, jedoch recht empfindlich sind *Tridacna*-Arten, die sich von den Produkten der Zooxanthellen ernähren.

Schnecken (Gastropoda)
Bei den Schnecken sind einige Gehäuseschnecken als Algen- und Detritusfresser gut für ein Riffbecken geeignet, während die farbenprächtigen Nacktschnecken meist Nahrungsspezialisten sind und sich oft von ganz spezifischem Wirtskorallengewebe ernähren.

Riesenmuscheln (hier Tridacna maxima) benötigen sehr viel Licht.

Weitere Tiere

Das Tierreich ist sehr groß und gerade in tropischen Meeren finden sich viele exotische Tierarten, die oft mit den Lebenden Steinen in das Aquarium eingeführt werden können und sich ganz ohne das Zutun des Pflegers in einem gesunden Riffbecken vermehren. Es ist spannend und macht sehr viel Freude, in einem Becken bei genauer Beobachtung viele Klein- und Kleinstlebewesen zu entdecken, die oftmals nur für eine kurze Zeit auftauchen und alle eine Bedeutung im Aquariensystem haben.

Tiere wie Schwämme, Moostierchen, Hydroide, Würmer, Manteltiere etc. sind ab und zu im Handel erhältlich, benötigen aber oft spezielle Bedingungen. In der Regel schlecht geeignet sind Schwämme, die mit ihrer großen Filtrierleistung sehr viel Plankton benötigen. In einem gesunden Becken entwickeln sich oft weißliche Gitterkalkschwämme an dunkleren Stellen des Beckens. Kommen die Schwämme mit der Luft in Berührung, sterben sie meist ab und können so das Wasser erheblich belasten.

PORTRÄT BELIEBTE WIRBELLOSE

Bäumchen-Weichkoralle
Capnella imbricata
(Litophyton arboreum)
(Weichkorallen, Nephteidae)

VORKOMMEN Indopazifik.
GRÖSSE Große Kolonien, die bäumchenförmig wachsen.
BESCHREIBUNG Helle, weißliche bis bräunliche Stämme, wenig verzweigt wachsend.
PFLEGE Einfach in einem gut beleuchteten Korallenaquarium.
FÜTTERUNG Die Koralle benötigt keine spezielle Fütterung, maximal einmal wöchentlich Flüssigfutter. Ernährt sich hauptsächlich von den Produkten der Zooxanthellen.
AQUARIENEIGNUNG +++
STRÖMUNG Mittel bis stark.
LICHT Mittel bis stark.
BESONDERHEITEN Die Polypen befinden sich hier immer am Ende der jeweiligen Zweige. Die Kolonien wachsen recht schnell und können leicht künstlich vermehrt werden. Die Arten und Gattungen dieser (und vieler anderer) Weichkorallen lassen sich oft nur anhand der Skleritenstruktur bestimmen.

Xenia spec.
(Xenien, Xeniidae)

VORKOMMEN Indopazifik.
GRÖSSE Eher kleinere Kolonien, manchmal buschförmig.
BESCHREIBUNG Die meisten Arten sehen wie Pilze mit Polypen aus. Im Riff sieht man im Flachwasser ganze Xenienfelder.
PFLEGE Einfach bei guter Beleuchtung und gutem Wasser mit Spurenelementen.
FÜTTERUNG Durch Zooxanthellenprodukte und organische Verbindungen.
AQUARIENEIGNUNG +++
STRÖMUNG Mittel.
LICHT Stark.
BESONDERHEITEN Sie pulsieren mit den Polypen (Atmung) und überziehen oft das ganze Aquarium. Sie benötigen viel Jod und reagieren empfindlich auf zu viel Strontium und Kalzium.

▶ *Dendronephtya spec.*
 (Weichkorallen, Nephteidae)

VORKOMMEN Indopazifik.
GRÖSSE Einzelkolonien, die bisweilen relativ groß und sehr farbenprächtig werden können.
BESCHREIBUNG Die meisten *Dendronephtya*-Arten hängen kopfunter an Riffüberhängen oder sogar ganz im Dunkeln. Sie ernähren sich von lebendem Phyto- und Zooplankton, weshalb sie auch erst nachts die Tentakel ausstrecken.
PFLEGE Sehr schwer zu pflegen, da sie gefüttert werden müssen. Am besten in einem Spezialaquarium halten.
FÜTTERUNG Mit Plankton; vorzugsweise über Nacht respektive in einem Dunkelaquarium; kontinuierlich über eine konstante Planktonzufuhr über 12 Stunden.
AQUARIENEIGNUNG Nur für Spezialisten.
STRÖMUNG Stark und wechselnd.
LICHT Schwach.
BESONDERHEITEN Häufig im Handel, aber langfristig, das heißt über mehrere Jahre, im Becken nur von erfahrenen Aquarianern erfolgreich gehältert.

▶ **Pilzkoralle**
 Sarcophyton spec.
 (Lederkorallen, Alcyoniidae)

VORKOMMEN Indopazifik.
GRÖSSE Teilweise groß werdende Einzelkolonien mit über einem Meter Durchmesser.
BESCHREIBUNG Die Kolonien wachsen meist pilzförmig, mit einem sehr großen Scheibendurchmesser, die Ränder sind oft gelappt. Sie sind recht anpassungsfähig und kommen an verschiedenen Standorten im Riff vor.
PFLEGE Recht gut haltbar und bei guter Beleuchtung sehr groß werdend.
FÜTTERUNG Produkte der Zooxanthellen und organische Stoffe.
AQUARIENEIGNUNG +++
STRÖMUNG Mittel bis stark.
LICHT Mittel, besser stark.
BESONDERHEITEN Die Korallen stoßen regelmäßig ihre alte Haut ab und sind so unempfindlich gegenüber Veralgung.

▶ **Faltige Lederkoralle**
Lobophytum spec.
(Lederkorallen, Alcyoniidae)

VORKOMMEN Indopazifik.
GRÖSSE Einige Arten bilden relativ große Einzelkolonien mit über einem Meter Durchmesser.
BESCHREIBUNG Die Kolonien wachsen meist pilzförmig, etwas gedrungen, mit einem mittleren Scheibendurchmesser und herausragenden Auswüchsen (Loben). Sie sind recht anpassungsfähig und kommen an verschiedenen Standorten im Riff vor.
PFLEGE Recht gut haltbar und bei guter Beleuchtung je nach Art groß werdend.
FÜTTERUNG Produkte der Zooxanthellen und organische Stoffe.
AQUARIENEIGNUNG +++
STRÖMUNG Mittel bis stark.
LICHT Mittel, besser stark.
BESONDERHEITEN Die Korallen stoßen regelmäßig ihre alte Haut ab und sind so unempfindlich gegenüber Veralgung. Manchmal empfindlich gegenüber Fraß von Schnecken oder Würmern.

▶ **Prachtanemone**
Heteractis magnifica
(Wirtsanemonen, Stichodactylidae)

VORKOMMEN Indopazifik.
GRÖSSE Bis zu 1 m Durchmesser.
BESCHREIBUNG Sehr große, solitär oder in Gruppen lebende Anemone mit purpurnem oder rotem Stamm. Fleischige Tentakel in unterschiedlichen Färbungen.
PFLEGE Große Anemonen sind prinzipiell nicht einfach zu pflegen. Sie benötigen einen Untergrund, um sich anzuheften, viel Licht und gutes Wasser.
FÜTTERUNG Durch Produkte der Zooxanthellen und ab und zu größere Brocken Frostfutter.
AQUARIENEIGNUNG ++
STRÖMUNG Mittel.
LICHT Stark.
BESONDERHEITEN Beherbergt als Symbioseanemone verschiedene Clownfischarten. Am besten mit diesen in einem Spezialaquarium pflegen. Sie wandert manchmal lange langsam im Becken herum, bis sie einen geeigneten Standort gefunden hat. Die Eingewöhnung kann schwierig sein.

▶ **Krustenanemone**
Palytoa spec.
(Krustenanemonen, Zoanthidae)

VORKOMMEN Indopazifik.
GRÖSSE Koloniebildend, je nach Gattung solitär oder zusammenhängend.
BESCHREIBUNG Meist kleine, zusammenhängende „Pilzchen" in Grün-, Rot-, Türkis- oder Brauntönen.
PFLEGE Recht einfach in einem Riffaquarium. Sie vermehren sich regelmäßig durch Knospung.
FÜTTERUNG Durch Produkte der Zooxanthellen.
AQUARIENEIGNUNG +++
STRÖMUNG Mittel.
LICHT Mittel bis stark.
BESONDERHEITEN Die Kolonien sind empfindlich gegen einen zu starken Fadenalgenwuchs. Auch vertragen sie sich nicht gut mit nesselnden Nachbarn.

▶ **Scheibenanemone**
Ricordea spec.
(Scheibenanemonen, Discosomatidae)

VORKOMMEN Indopazifik.
GRÖSSE Koloniebildende Einzelindividuen mit bis zu 10 cm Scheibendurchmesser.
BESCHREIBUNG Die Gattungen sind sehr vielfarbig, rot, grün, braun, violett, fluoreszierend, gestreift, gepunktet. Es müssen nicht immer andere Arten sein, sondern auch Farbformen bzw. Varietäten. Sehr schwer zu bestimmen.
PFLEGE Recht einfach in einem Riffaquarium. Sie vermehren sich regelmäßig durch Abschnürung der Fußscheibe.
FÜTTERUNG Durch Produkte der Zooxanthellen und organische Stoffe.
AQUARIENEIGNUNG +++
STRÖMUNG Schwach bis mittel.
LICHT Mittel.
BESONDERHEITEN Sie wachsen sehr gut und sind ideale Tiere für die Mittellichtzonen in einem Riffbecken.

Rindenkoralle
Plexaura spec.
(Hornkorallen, Holaxonia)

VORKOMMEN Indopazifik und Atlantik.
GRÖSSE Meist als Stamm mit vielen langen Verzweigungen, oft über 1 m groß.
BESCHREIBUNG Die Gattungen sind sehr vielfarbig und zeigen unterschiedliche Wuchsformen, oft buschig oder gefiedert und mehr oder minder verzweigt.
PFLEGE Je nach Art sehr schwierig zu pflegen. Karibische Arten, die Zooxanthellen besitzen, sind noch am ehesten geeignet.
FÜTTERUNG Durch Produkte der Zooxanthellen und organische Stoffe oder durch Plankton bei den anderen Arten.
AQUARIENEIGNUNG +
STRÖMUNG Mittel bis stark.
LICHT Je nach Art.
BESONDERHEITEN Nur Tiere der Lichtzonen (*Plexaura, Pseudopterogorgia*) sind für eine Hälterung gut geeignet. Andere Arten sind Spezialisten vorbehalten. Vor dem Kauf immer erst nach dem Standort in der Natur fragen.

Warzige Buschkoralle
Pocillopora verrucosa
(Buschkorallen, Pocilloporidae)

VORKOMMEN Indopazifik.
GRÖSSE Mittelgroße Kolonien.
BESCHREIBUNG Helle, bräunliche, blaue, grüne oder pinkfarbene Kolonien, verzweigt wachsend, mit dicken Ästen.
PFLEGE Bei sehr guter Wasserqualität gut zu pflegen. Die purpurnen Wachstumsspitzen zeigen sich nur bei sehr starker Beleuchtung.
FÜTTERUNG Die Koralle benötigt keine spezielle Fütterung. Sie ernährt sich hauptsächlich von den Produkten der Zooxanthellen.
AQUARIENEIGNUNG ++
STRÖMUNG Stark.
LICHT Stark.
BESONDERHEITEN Die Polypen zeigen ein typisches, warzenförmiges Erscheinungsbild. Wie alle Steinkorallen ist diese Gattung empfindlich gegen zu starken Fadenalgenwuchs. Bei sehr hoher Beleuchtungsstärke und guten Bedingungen besitzt sie ein hohes Wachstumspotential.

▶ Anemonen-Pilzkoralle
Heliofungia spec.
(Pilzkorallen, Fungiidae)

VORKOMMEN Indopazifik.
GRÖSSE Solitärkolonien, 5–20 cm, Zungenkorallen bis 50 cm.
BESCHREIBUNG Pilzkorallen liegen einzeln auf Fels-, Sand- oder Korallenschuttböden. Alle haben eine charakteristische Furchung mit vielen dünnen Septen. Sie sind alle rund, seltener oval.
PFLEGE Die Korallen sind häufig im Handel. Am besten auf einem Sand- oder Korallenboden platzieren. Das Skelett darf auf keinen Fall beschädigt werden.
FÜTTERUNG Durch Produkte der Zooxanthellen, organische Stoffe und Plankton.
AQUARIENEIGNUNG ++
STRÖMUNG Mittel.
LICHT Stark.
BESONDERHEITEN Können sich bei guten Bedingungen durch Hervorbringung von *Anthocauli* vermehren.

▶ Labyrinthkoralle
Diploria labyrinthiformes
(Hirnkorallen, Faviidae)

VORKOMMEN Indopazifik, Karibik.
GRÖSSE Massive, teilweise sehr große Kolonien.
BESCHREIBUNG In der gattungsreichen Familie der Hirnkorallen zeigen die Tiere eine mäanderförmige, gehirnähnliche Oberfläche. Die Form ist massig, und die Kolonien wachsen meist kugelförmig.
PFLEGE Die Korallen sollten mit einigem Abstand platziert werden, da einige Arten Kampftentakel ausbilden.
FÜTTERUNG Hauptsächlich durch Produkte der Zooxanthellen, aber auch organische Stoffe und Plankton.
AQUARIENEIGNUNG ++
STRÖMUNG Mittel bis stark.
LICHT Mittel bis stark.
BESONDERHEITEN Die Wasserbedingungen sollten ideal sein, also sauber und nährstoffarm. Am besten in reinem Steinkorallenbecken pflegen. Über die Aquarienhälterung der abgebildeten Art *Diploria labyrinthiformes* ist jedoch kaum etwas bekannt.

▶ **Geweihkoralle**
Acropora spec.
(Geweihkorallen, Acroporidae)

VORKOMMEN Indopazifik.
GRÖSSE Meist verzweigt, aber auch platten- oder krustenförmig wachsende Kolonien.
BESCHREIBUNG Die artenreichste Korallenfamilie überhaupt. Die Farben sind typischerweise bräunlich, aber auch grün, teilweise mit violetten Spitzen. Im Riff sehr erfolgreich mit monotypischen Beständen, hauptsächlich im Flachwasser.
PFLEGE *Acropora*-Korallen benötigen sehr sauberes, nährstoffarmes Wasser.
FÜTTERUNG Hauptsächlich durch Produkte der Zooxanthellen, seltener organische Stoffe und Plankton.
AQUARIENEIGNUNG ++
STRÖMUNG Stark.
LICHT Stark.
BESONDERHEITEN Am besten in reinem Steinkorallenbecken pflegen. Einige Arten lassen sich leicht durch Fragmentation vermehren.

▶ **Kardinals-Putzergarnele**
Lysmata debelius
(Putzergarnelen, Hippolytidae)

VORKOMMEN Indopazifik.
GRÖSSE 4 cm.
BESCHREIBUNG Knallrot gefärbt, mit weißen Punkten auf dem Rücken.
PFLEGE Recht einfach, etwas heikler als *L. amboinensis*.
FÜTTERUNG Allesfresser und Restevertilger.
AQUARIENEIGNUNG ++
STRÖMUNG Schwach bis mittel
LICHT Schwach.
VERGESELLSCHAFTUNG Problemlos mit allen Tieren außer Garnelenfressern.
BESONDERHEITEN Mindestens zu zweit hältern. Benötigt Versteckmöglichkeiten, somit am besten ein Riffaquarium mit viel Felsaufbauten und Höhlen bieten. Putzt nicht so aktiv wie *L. amboinensis*. Als Zwitter tragen die Tiere fast immer befruchtete Eier am Unterleib. Die Garnelen leben tagsüber eher versteckt, kommen aber nach der Eingewöhnung und Futtergaben häufiger hervor.

▶ Weißband-Putzergarnele
Lysmata amboinensis
(Putzergarnelen, Hippolytidae)

VORKOMMEN Indopazifik.
GRÖSSE 5 cm.
BESCHREIBUNG Gelb, mit zwei roten Längsbändern, die durch ein weißes Mittelband auf dem Rücken unterbrochen werden.
PFLEGE Sehr einfach.
FÜTTERUNG Allesfresser und Restevertilger.
AQUARIENEIGNUNG +++
STRÖMUNG Schwach bis mittel.
LICHT Schwach.
VERGESELLSCHAFTUNG Problemlos mit allen Tieren außer Garnelenfressern.
BESONDERHEITEN Mindestens zu zweit hältern. Benötigt Versteckmöglichkeiten, somit am besten ein Riffaquarium bieten. Putzt auch im Aquarium Fische. Als Zwitter tragen die Tiere fast immer befruchtete Eier am Unterleib. Die Aufzucht ist sehr schwierig. Im Gegensatz zu *Stenopus* sind die Tiere auch tagsüber recht aktiv.

▶ Rot-weiß-gebänderte Scherengarnele
Stenopus hispidus
(Scherengarnelen, Stenopodidae)

VORKOMMEN In allen tropischen Meeren.
GRÖSSE 6 cm.
BESCHREIBUNG Rot-weiße Bänderung, sehr lange Antennen und kräftiges drittes Beinpaar mit Scheren.
PFLEGE Recht einfach im Riffaquarium. Unbedingt einen höhlenartigen Unterschlupf bieten, in dem sie tagsüber meist kopfunter leben.
FÜTTERUNG Allesfresser und Restevertilger.
AQUARIENEIGNUNG +++
STRÖMUNG Schwach bis mittel.
LICHT Schwach.
VERGESELLSCHAFTUNG Problemlos mit allen Tieren.
BESONDERHEITEN Entweder alleine oder ein „sicheres" Pärchen halten. Weibchen werden meist größer und tragen grünliche Eier am Unterleib. Die Tiere sind nachtaktiv, können aber auch in der Dämmerung auf Futtersuche gehen. Sehr ausdauernd.

Diadem-Seeigel
Diadema setosum
(Diadem-Seeigel, Diadematidae)

VORKOMMEN Indopazifik.
GRÖSSE Körper 10 cm, Stacheln bis zu 35 cm.
BESCHREIBUNG Sehr lang ausgezogene, schwarze Stacheln, 5 helle Punkte auf der Oberseite, roter Anusring.
PFLEGE In einem gut eingefahrenen Aquarium einfach. Viele Steinaufbauten und Versteckmöglichkeiten bieten.
FÜTTERUNG Frisst mit Vorliebe Algen, die er von den Steinen abraspelt, aber auch Salat, Trockenfutter und Muschelfleisch.
AQUARIENEIGNUNG +++
STRÖMUNG Mittel bis stark.
LICHT Mittel.
VERGESELLSCHAFTUNG Nicht mit Drückerfischen. Gut für ein Riffbecken geeignet.
BESONDERHEITEN Tagsüber meist versteckt im Unterschlupf, wird bei Dämmerung aktiv. Etwas „tölpelhaft", weil er alles, was locker ist, einfach mit seinen Stacheln umschmeißt. Raspelt leider auch Kalkrotalgen ab.

Indischer Seestern
Fromia indica
(Schlangensterne, Ophidiasteridae)

VORKOMMEN Indopazifik.
GRÖSSE 10 cm.
BESCHREIBUNG Rot-brauner, meist fünf-strahliger Seestern mit schwarzen Spitzen.
PFLEGE In einem Riffaquarium einfach.
FÜTTERUNG Detritus- und Kleintierfresser. Ab und zu Muschelfleisch bieten.
AQUARIENEIGNUNG +++
STRÖMUNG Mittel.
LICHT Mittel.
VERGESELLSCHAFTUNG Problemlos mit allen Tieren außer Fressfeinden.
BESONDERHEITEN Die Tiere leben eher solitär an Riffen und sind auch tagaktiv. In einem Becken mit gutem Aufwuchs sind die Tiere sehr haltbar, bei Nährstoffmangel jedoch nicht.
Im Bild links sieht man den Kometenstern *Linckia multifora*, der in Altaquarien gut haltbar ist.

▶ **Riesenmuschel**
Tridacna maxima
(Riesenmuscheln, Tridacnidae)

VORKOMMEN Indopazifik.
GRÖSSE Bis 40 cm.
BESCHREIBUNG Muschel mit sehr variabler Färbung der Mantellappen.
PFLEGE Riesenmuscheln benötigen sauberes Wasser und sehr viel Licht sowie Spurenelemente. Sie ziehen Nitrate und Phosphate aus dem Wasser.
FÜTTERUNG Ernähren sich durch Produkte der Zooxanthellen, aber auch durch organische und andere Stoffe. Keine Extrafütterung nötig.
AQUARIENEIGNUNG +++
STRÖMUNG Mittel.
LICHT Stark.
VERGESELLSCHAFTUNG Problemlos mit anderen Tieren außer Muschelfressern.
BESONDERHEITEN Gut für ein Korallenriffbecken geeignet. Manchmal etwas empfindlich für Schädlinge. Ein guter, lichtexponierter Standort und geeignete Bedingungen sind sehr wichtig. Riesenmuscheln werden bereits kommerziell nachgezüchtet.

▶ **Röhrenwurm**
Sabella spec.
(Fächerwürmer, Sabellidae)

VORKOMMEN Indopazifik, Karibik.
GRÖSSE Länge 6–20 cm, Durchmesser Tentakelkrone 10–15 cm.
BESCHREIBUNG Die Würmer bauen sich ihre Wohnröhre aus Sand und anderen Bestandteilen sowie einem klebrigen Sekret. Aus der Röhre ragt eine oft farbenprächtige Tentakelkrone hervor.
FÜTTERUNG Kleinste Schwebeteilchen, Plankton.
AQUARIENEIGNUNG +++
STRÖMUNG Schwach bis mittel.
LICHT Schwach.
VERGESELLSCHAFTUNG Problemlos mit anderen Tieren des Riffaquariums.
BESONDERHEITEN Gut für ein Korallenriffbecken geeignet. Sie lieben eher dunklere Standorte und sollten als Filtrierer ab und zu mit Flüssigfutter ernährt werden. Bei Unwohlsein werfen sie die Tentakelkrone ab, die aber wieder regeneriert werden kann.

ÜBERBLICK ALGEN

Caulerpa-Algen können schnell ganze Wirbellosenbestände überwuchern.

Algen

Eine Reihe von höheren Algen sind im Gegensatz zu den lästigen Faden- und Schmieralgen für die Meerwasseraquaristik bedeutsam, z. B. krustenartige Kalkrotalgen, die bei regelmäßiger Kalkzugabe die gesamte Dekoration überziehen und somit die Riffaufbauten verfestigen. Außerdem erschweren sie die Ansiedlung von unerwünschten Grünalgen. Besondere Bedeutung haben die Kriechsprossalgen der Gattung *Caulerpa* erlangt. Zum einen sind sie ein grüner Blickfang im Aquarium, zum anderen binden sie Phosphate und Nitrate, was der Wasserqualität zugute kommt. Diese Algen wachsen unter Leuchtstoffröhren sehr gut durch Bildung von Ausläufern und können auch in einem Extrabecken als Algenfilter fungieren. Von den Caulerpas existieren etwa 75 Arten. Besonders geeignet sind *C. taxifolia, C. racemosa, C. serticularioides, C. cupressoides* und *C. prolifera*. Auch Kalkalgen wie *Halimeda* eignen sich sehr gut für ein Aquarium, sind jedoch ein wenig schwieriger zu pflegen. Falls Ihre höheren Algen im Aquarium zu gut wachsen sollten, dann müssen Sie sie „ernten", d. h. ältere Triebe ausdünnen.

PORTRÄT ALGEN

Fiederblatt Caulerpa
Caulerpa taxifolia
(Caulerpaceae)

VORKOMMEN Indopazifik.
GRÖSSE Stolonengeflecht, Blätter bis zu 15cm.
BESCHREIBUNG Die Kriechsprossalge besteht aus kriechenden Stengeln mit gefiederten Blättern.
PFLEGE Einfach in einem normalen Aquarium.
FÜTTERUNG Nur Licht und Mineralien.
AQUARIENEIGNUNG +++
STRÖMUNG Mittel.
LICHT Mittel.
VERGESELLSCHAFTUNG Problemlos mit allen Tieren. Blattspitzen und Triebe werden jedoch von Doktorfischen und anderen Algenfressern verspeist.
BESONDERHEITEN Verbessern Wasserqualität, da sie im Wasser gelösten Stickstoff oder Phosphate binden. In einem Korallenaquarium mit wenig Nährstoffen und viel Kalk schlecht haltbar.

Blättrige Caulerpa
Caulerpa prolifera
(Caulerpaceae)

VORKOMMEN Indopazifik.
GRÖSSE Stolonengeflecht, Blätter bis zu 17cm.
BESCHREIBUNG Die Kriechsprossalge besteht aus kriechenden Stengeln mit oftmals gewellten, länglichen Blättern.
PFLEGE In einem normalen Aquarium einfach.
FÜTTERUNG Nur Licht und Mineralien.
AQUARIENEIGNUNG +++
STRÖMUNG Mittel.
LICHT Mittel.
VERGESELLSCHAFTUNG Problemlos mit allen Tieren. Blattspitzen und Triebe werden jedoch von Doktorfischen und anderen Algenfressern verspeist.
BESONDERHEITEN In einem Korallenaquarium mit wenig Nährstoffen und viel Kalk schlecht haltbar. Eine gelegentlich immer wieder auftretende geschlechtliche Vermehrung führt schnell zum Absterben der gesamten Kolonie und zu einer kurzfristigen Verschlechterung der Wasserbedingungen.

- **Faszination Meerwasseraquaristik**
  50
- **Der 10-Punkte-Erfolg**
  51–55
- **Aquariensysteme**
  56–57
- **Aquarienarten**
  58–60
- **Das Aquarium einrichten**
  62–71
- **Probleme mit Algen**
  72
- **Solutionfinder: Algenprobleme**
  72
- **Pflegeplan: Rund ums Aquarium**
  74
- **Beleuchtung**
  76–79
- **Heizen und kühlen**
  80–81

THEMA DAS MEERWASSERAQUARIUM

THEMA **FASZINATION MEERWASSERAQUARISTIK**

Ein Haarstern auf nächtlichem Planktonfang. Im Aquarium sollten diese Tiere jedoch nicht gehalten werden.

Vorüberlegungen

Vielleicht sind es ähnlich faszinierende Taucherlebnisse, die in Ihnen den Wunsch weckten, sich einen Ausschnitt des Lebensraums Meer in den eigenen Wohnbereich zu holen.
Die Meerwasser- oder Riffaquaristik hat in den letzten beiden Jahrzehnten erstaunliche Fortschritte gemacht. Dank technischer Weiterentwicklungen und neuer Erkenntnisse über den natürlichen Lebensraum der Aquarienbewohner ist es möglich geworden, eine Vielzahl der im Meerwasser lebenden Tiere zu Hause zu halten, wie z. B. Steinkorallen, was lange Zeit undenkbar war.
Neueinsteiger in das Hobby Meerwasseraquaristik stellen sich meist die gleichen Fragen: Wie schwierig ist die Meerwasseraquaristik? Bin ich überhaupt in der Lage, dieses komplizierte Hobby zu betreiben und dies möglichst langfristig?
Sicherlich können auch Sie ein Meerwasseraquarianer werden, wenn Sie einige Voraussetzungen mitbringen und gewisse Dinge bedenken. Spielen Sie mit dem Gedanken, sich ein Meerwasseraquarium zuzulegen, dann sollten Sie höhere Anschaffungs- und Haltungskosten als für ein Süßwasseraquarium in Kauf nehmen. Neben dem entsprechenden Geldbeutel sollten Sie großes Interesse an der Aquaristik haben, das die Bereitschaft einschließt, sich das nötige Wissen über die Tiere, Wasserchemie und technische Ausstattung anzueignen. Überlegen Sie sich auch, wer während einer Urlaubsreise die Versorgung des Aquariums übernehmen könnte. Darüber hinaus müssen Sie natürlich Zeit einplanen, die Sie für Pflegemaßnahmen und das Beobachten der Tiere aufbringen müssen. Aber – gerade das Beobachten der farbenfrohen Unterwasserwelt werden Sie sicherlich nicht als Arbeit, sondern als spannende, ausgleichende Tätigkeit erleben.
Lesen Sie den 10-Punkte-Erfolg durch, um einen ersten Eindruck von Ihrem neuen Hobby zu bekommen. Sind Sie immer noch interessiert? Dann erfahren Sie in diesem Buch alles, was Sie für den erfolgreichen Betrieb eines Meerwasseraquariums wissen müssen.

THEMA DER 10-PUNKTE-ERFOLG

Planktonfänger und Filtrierer sieht man im Riff auch neben Steinkorallen.

Wenn man Meerwassertiere erfolgreich pflegen möchte, sollte man über ihren natürlichen Lebensraum und ihre Lebensbedingungen informiert sein. In 10 Tipps erfahren Sie kurz und bündig, auf was Sie achten sollten, wenn Sie lange Freude an ihrer faszinierenden Unterwasserwelt haben möchten.

1 Nicht an Licht und Abschäumer sparen

▶ **LICHT** Eine ausgewogene Beleuchtung zaubert nicht nur faszinierende Lichteffekte in Ihr Becken, sie ist für das Wachstum Ihrer Tiere unabdingbar.
Für ein 500-l-Becken sollte man zwei 150-Watt-HQI-Leuchten (6.500–20.000 Kelvin), zwei Blaustrahler und evtl. Tageslichtröhren installieren. Nur so wachsen Stein-, Leder- sowie Weichkorallen richtig.

Es gibt allerdings auch einige niedere Tiere, die in der Mittel- und Dämmerlichtzone gedeihen. Erkundigen Sie sich daher immer, welche Lichtverhältnisse die Tiere, die Sie einsetzen möchten, benötigen. Ein reines Fischbecken benötigt nur Leuchtstoffröhren (◉ 77).

▶ **ABSCHÄUMER** Auf einen Abschäumer können Sie nicht verzichten. Er schäumt alle Proteine und damit assoziierten Substanzen ab, bevor diese dem normalen biologischen Zerfallsprozess zugeführt werden. Die Belastung des Beckens mit Schadstoffen wird dadurch verhindert. Ich empfehle einen möglichst großen Abschäumer, der etwa die zwei- bis dreifache Kapazität des Beckeninhalts abschäumen kann. Die Abschäumung kann, wenn nötig, heruntergeregelt werden.

Einsiedlerkrebse sind nützliche Algenvertilger.

2 Möglichst aufbereitetes Wasser verwenden

Sie sollten möglichst vollentsalztes bzw. Umkehrosmose-Wasser verwenden. Leitungswasser hat oft einen Nitratwert von 20–30 mg/l, im Becken sind aber 0–5 mg/l Nitrat erstrebenswert. Im Leitungswasser sind außerdem Siliziumionen, evtl. Kupfer und andere unerwünschte Stoffe vorhanden. Eine Wasseraufbereitung ist aus diesen Gründen für ein schönes Meerwasser- und Riffbecken unbedingt zu empfehlen (◉85).

3 Viele Lebende Steine ersetzen den biologischen Filter

Lebende Steine sind das A und O der Riffaquaristik. Auch für reine Fischbecken sind sie gut zu gebrauchen, weil sie das Mikromilieu der Lebewesen positiv beeinflussen und manchen leckeren Happen für anspruchsvolle Pfleglinge bieten. Auf Lebenden Steinen entwickeln sich viele wunderschöne Klein- und Kleinstlebewesen. Vor allem ihre biologische Filterwirkung ist äußerst wichtig. Diese Organismen sind in der Lage, Abfallstoffe (v. a. Nitrat), innerhalb kürzester Zeit abzubauen. Diese Mikrowelt ist für ein ausgewogenes biologisches Gleichgewicht unbedingt nötig, ihre Anschaffung daher ein Muss! Bitte achten Sei beim Kauf darauf, dass keine Glasrosen auf den Lebenden Steinen haften; außerdem müssen sie beim Transport stets feucht gehalten werden.

4 Das Becken gut einfahren

Frisch angesetztes Salzwasser muss erst biologisch reifen, bevor Sie die ersten Tiere einsetzen. Nach dem Ansetzen des Wassers können Sie nach ca. 4 Tagen die ersten Lebenden Steine einsetzen und langsam Beleuchtung und Filterung stufenweise in Betrieb nehmen.

Wenn alle Wasserwerte stabil sind (nach ca. 4–6 Wochen), kann mit dem Besatz einiger Wirbelloser begonnen werden (Seeigel, Schnecken, Einsiedlerkrebse als Algenfresser). Setzen Sie immer nur wenige Tiere ein und kontrollieren Sie, ob sie sich wohl fühlen. Nitrit und Ammonium sollten nicht mehr im Wasser nachweisbar sein, die Nitratkonzentration sollte maximal bei 10 mg/l liegen. Bringen Sie frühzeitig (erste Woche) *Caulerpa*-Algen ein; sie binden das Nitrat und sind Konkurrenten der Fadenalge.

Mit dem Fischbesatz sollten Sie erst nach frühestens 2–3 Monaten beginnen. Erst dann ist das Becken wirklich stabil. Dichter Vollbesatz ist nach 6–12 Monaten möglich. Lassen Sie sich Zeit. Die Lebensgemeinschaft im Wasser wird es Ihnen danken.

Stachelaustern bevorzugen dunklere Standorte.

5 Das Becken ausgewogen besetzen

Besorgen Sie sich nur die Tiere, die Sie sich zu kaufen vorgenommen und über deren Bedürfnisse Sie sich gut informiert haben. Bitte treffen Sie die Kaufentscheidung nicht erst spontan beim Händler; Sie könnten Tiere erwerben, die nicht in Ihr Aquarium passen. Setzen Sie die Tiere je nach den von ihnen bevorzugten Licht- und Strömungsverhältnissen ein. Lichthungrige Steinkorallen, Riesenmuscheln, Xenias etc. also unbedingt direkt unter den HQI-Lampen, Scheibenanemonen etc. in der Mittellichtzone, Dunkellichttiere in den Dämmerlichtzonen platzieren.

Achten Sie auf genügend Abstand zwischen den Tieren, damit sie sich gegenseitig nicht nesseln. Auch die Strömungsverhältnisse sowie gegenseitige Fressfeindschaften müssen Sie berücksichtigen. Setzen Sie nicht zu viele Fische ein, sonst sind Revierkämpfe vorprogrammiert. Auf Fische, die Federwürmer oder Korallen fressen, sollten Sie verzichten.

FAUSTREGEL FÜR DEN FISCHBESATZ
50 l Wasser pro 10 cm Fisch, 100 l Wasser pro 10 cm Doktorfisch.

6 Schnellfilter häufig reinigen

Der Schnellfilter verdreckt sehr schnell mit Schwebeteilchen und Algen, ebenso auch der Überlauf. Diese kleinen Schmutzpartikel werden dann wieder ins Wasser abgegeben. Daher sollten Sie den Schnellfilter ein- bis zweimal pro Woche reinigen und das Filtrat (Watte, Schaumstoff o. a.), das die Schwebeteilchen abfängt, austauschen. Sonst sammeln sich dort eine Menge Bakterien an, die zusammenklumpen und unter Umständen Schadstoffe ans Wasser abgeben.

Brunnenbauer (hier Opistognathus aurifrons) benötigen tiefen Sandgrund.

7 Gute Strömung – 5–10facher Beckeninhalt in l/h

Eine saubere Zirkulation durch geschickt angebrachte Strömungspumpen – jeder Teil des Beckens sollte zumindest zeitweilig durchströmt werden – hindert Schwebeteilchen, sich abzusetzen und vor sich hin zu „schimmeln". Durch den Abschäumer, die mechanische Filtration und die filtrierenden oder Plankton fressenden Organismen werden diese gut entsorgt. Zudem werden die Abfallstoffe der Wirbellosen von diesen weggespült. Die Wasseroberfläche sollte immer in Bewegung sein, damit der Gasaustausch über die Oberfläche gut funktioniert und sich keine Kahmhaut auf der Oberfläche bildet. Mindestens 5- bis 10mal pro Stunde sollte der Beckeninhalt umgewälzt werden. Am besten ist es, mit Wechselpumpen alle 6 Stunden die Richtung zu wechseln.

8 Regelmäßige Zugabe von Additiven

Da die Organismen im Aquarium Spurenelemente (Kalzium, Strontium, Jod, Barium, Mangan, Molybdän etc.) verbrauchen, nimmt deren Konzentration im Wasser ab. Additive sollten bei Korallenhälterung auf jeden Fall zugegeben werden. Kalziumverluste gleichen Sie am besten mit einem Kalkreaktor oder mit Kalkwasser aus. Andere Spurenelemente sollten Sie als fertige Lösung im Fachhandel erwerben und nach Dosierungsanleitung einsetzen. Auch eine Vitaminisierung mit den käuflichen Präparaten hat sich gut bewährt. Vermeiden Sie aber bitte eine Überdosierung.

Der LSD-Mandarinfisch (Synchiropus picturatus) ist ein wunderbarer Fisch für gut eingefahrene Altaquarien mit entsprechender Mikrofauna.

9 Regelmäßiger Wasserwechsel

Ein regelmäßiger Wasserwechsel ist wichtig, da dabei unerwünschte Toxine beseitigt und Spurenelemente hinzugefügt werden, die die Riffeinwohner verbrauchen. Anfangs ist ein 10%iger Wechsel monatlich bzw. ein 2%iger pro Woche anzuraten. Wenn sich die Werte im Aquarium stabilisiert haben und Aktivkohle eingesetzt wird, können auch nur 5% im Monat gewechselt werden. Hierbei ist aber eine regelmäßige Kontrolle der Wasserwerte mit genauester Buchführung nötig! Bei reinen Fischaquarien sollten Sie 20–25% des Wassers monatlich wechseln, jedoch nicht mehr als 30%, da das Mikromilieu sonst zu stark in Mitleidenschaft gezogen wird.

10 Sparsam, aber ausgewogen füttern

Füttern Sie dreimal pro Tag und nur so viel, wie ihre Tiere gierig und schnell verzehren. Bieten Sie Ihren Tieren abwechslungsreiches Futter, also verschiedene Arten von Frost-, Trocken- oder Lebendfutter. Ab und zu kann auch eine Vitaminisierung nicht schaden. Größere ungefressene Portionen sollten Sie aus dem Becken entfernen, da sich diese zersetzen und das Wasser belasten. Eine kleine Schar von Garnelen kann außerdem gut als Restevertilger dienen. Anemonen sollte man ein- bis zweimal wöchentlich mit Muschelfleisch oder Tetra-Tips füttern. Planktonfresser können mit tiefgefrorenem, aber gut aufgetautem Plankton unter Zuhilfenahme einer Pipette gezielt gefüttert werden. Stellen Sie während dieser Fütterung die Pumpen ab. In einem gesunden Riff ernähren sich die lichtunabhängigen Organismen auch von den anderen Mikroorganismen im Riff. Deshalb kann man ruhigen Gewissens auch mal einen Tag in der Woche auf jegliche Fütterung verzichten.

THEMA AQUARIENSYSTEME

Öffentliche Schauaquarien (hier Tierpark Hagenbeck) zeigen oft wunderschöne Rifflandschaften.

Für jeden Zweck das richtige System

Das Aquarium soll seinen Bewohnern einen möglichst naturgetreuen Lebensraum bieten. Am besten ist dies natürlich bei großen, küstennahen Schauaquarien mit kontinuierlichem Meerwasserdurchfluss gewährleistet. Einem Heimaquarianer wird es aber kaum möglich sein, für einen solchen Durchfluss zu sorgen.
In der Aquaristik haben sich mehrere Systeme bewährt, um den Meerwasserbewohnern natürliche Lebensbedingungen zu bieten.

Berliner System
Es ist das weitverbreitetste System für die Hälterung tropischer Meerestiere. In diesem Buch werden wir uns ausschließlich mit ihm und seinen Varianten auseinander setzen. Zum Berliner System gehören folgende Komponenten:
- Ein Becken mit Überlauf,
- eine starke Beleuchtung (HQI),
- Lebendgestein,
- viel Strömung,
- eine gute Abschäumung,
- wenig oder gar kein Bodengrund,
- regelmäßiger Einsatz von Kalkwasser oder einem Kalkreaktor,
- gelegentliche Filterung über Aktivkohle und
- die Zugabe entsprechender Spurenelemente.
- Auf einen Filter (ausgenommen mechanische Schnellfilter) wird verzichtet.

Langjährige Experimente haben gezeigt, dass der Abbau aller Stoffwechselprodukte (u. a. stickstoffhaltige Verbindungen) dank der Lebenden Steine vollständig gewährleistet wird.
Die intensive Abschäumung entfernt die Schadstoffe aus dem Kreislauf, bevor sie überhaupt beim Abbau anfallen. Dieses System ist vor allem dann das richtige, wenn Sie überwiegend niedere Tiere, hauptsächlich Leder-, Weich- und Steinkorallen, halten wollen.

Rieselfiltersystem
Die Technik entspricht weitgehend dem Berliner System, für den Abbau des Stickstoffes wird allerdings ein Rieselfilter verwendet. Er arbeitet auf Grund der hohen Sauerstoffanreicherung ausgesprochen effektiv und ist vor allem für Becken mit hohem Fischbesatz bzw. für reine Fischbecken zu empfehlen. In der Regel sind diese Aquarien mit mehr Bodengrund ausgestattet und haben zusätzlich einen Abschäumer.

Rasenalgen- und Jaubertsystem
Das Rasenalgen- und das Jaubertsystem sind weitere Techniken, die wenig angewandt werden, aber viel Raum für eigene Experimente lassen. Mein Tipp: Probieren Sie doch einfach einmal das folgende natürliche System aus.

Natürliche Systeme
Die technischen Systeme haben „natürliche" vollkommen verdrängt. Wenn Sie damit experimentieren wollen, können Sie ein kleines Becken (50 Liter) nehmen. Befüllen Sie es mit Meerwasser und setzen Sie ausschließlich Lebende Steine ein. Installieren Sie lediglich eine kleine Pumpe, um Strömung zu erzeugen oder auch nur einen Luftausströmer, aber weder einen Filter noch Abschäumer. Stellen Sie dieses Aquarium an einen Fensterplatz und warten Sie ab, was geschieht. Pflegen Sie das Becken so gut wie gar nicht, sondern füllen Sie nur verdunstetes Wasser nach. Beobachten und staunen Sie, was sich auf den lebenden Steinen und im Becken alles entwickelt. Die Population innerhalb dieses kleinen Lebensraumes wird sich den Bedingungen des Beckens immer wieder anpassen, und entsprechend viel Neues werden Sie entdecken können.

THEMA AQUARIENARTEN

Der zweigeteilte Lippfisch (Macropharyngodon bipartitus) ist gut für ein Korallenriff-Aquarium geeignet.

Gemeinschafts- oder Spezialbecken?

Das Leben im siebten Kontinent – dem Meer – ist so vielfältig, dass man gerne das komplette Spektrum an Tierstämmen im Aquarium abdecken möchte. So sind die heute gängigen Becken Mischaquarien mit einem mehr oder minder ausgewogenen Sortiment an festsitzenden Wirbellosen (Korallen, Anemonen), an Stachelhäutern (Seeigel und Seesterne), Algen, Mollusken (Schnecken und Muscheln), Krebstieren, Lebenden Steinen und Fischen. Diese Gemeinschaftsbecken sollen einen Ausschnitt tropischer Riffe naturgetreu nachbilden und die biologische Vielfalt der Natur widerspiegeln. Allerdings ist gerade die naturgetreue Widerspiegelung häufig nicht gegeben; Tiere der Karibik werden mit Tieren des Indopazifik gemischt, Korallen stehen zu dicht und treten in Konkurrenz zueinander, das Becken ist übervölkert und dergleichen mehr.

Grundlegende Erwägungen

▸ Viele Wirbellose gedeihen bei richtiger Pflege sehr gut. Es kann passieren, dass z. B. die kleine Lederkoralle mit 10 cm Kopfdurchmesser nach 2–3 Jahren plötzlich 50 cm Durchmesser misst und alle anderen Tiere abschattet. Nur mit einer Umdekoration kann man das Problem beheben, aber gerade das Hantieren im Becken ist für die Lebensgemeinschaft Riff nicht vorteilhaft. Planen Sie daher von vornherein genügend Raum ein.

▸ Alle Tiere geben Stoffwechselprodukte ans Wasser ab, auch die festsitzenden Korallen. Wenn in einem Aquarium die Weich- und Lederkorallen stark dominieren, werden Sie es schwer haben, Steinkorallen erfolgreich über einen längeren Zeitraum zu halten, weil sich das Milieu des Wassers an die vorherrschende Korallenart angepasst hat. Das ist in der Natur genauso. Weich- und Lederkorallen wachsen in einem Milieu, das meist verunreinigter ist als das der Steinkorallen, während bei großen Steinkorallenpopulationen kaum Weichkorallen gedeihen.

Die Zeichnung des **Paletten-Doktorfisches** (Paracanthurus hepatus) entspricht seinem deutschen Namen.

- Da Gemeinschaftsbecken meist dicht mit Wirbellosen besetzt sind, sollte man wenige, dafür ausgewählte Fische einsetzen, die sich in einem kleineren Lebensraum wohl fühlen.
- Sehr wichtig ist auch das Licht, mit dem Sie das Becken erhellen möchten. Informieren Sie sich genau über die Lichtbedürfnisse Ihrer Bewohner. Steinkorallen z. B. bevorzugen meist sehr helles Licht, während Scheibenanemonen im Mittellicht besser stehen.
- Heikle Tiere sollte man immer in einem Spezialbecken pflegen, um den besonderen Bedürfnissen Rechnung zu tragen.
- Auch Clownfische und ihre Wirtsanemonen sollten Sie in einem Spezialbecken unterbringen. Anemonen wandern häufig, um sich einen passenden Platz zu suchen, und können dabei andere Tiere in einem Gesellschaftsbecken ernsthaft mit ihrem Nesselgift verletzen. Außerdem kann man den langfristigen Bedürfnissen dieser symbiotischen Lebensgemeinschaft nur dann die verdiente Aufmerksamkeit schenken oder sogar Zuchterfolge verzeichnen, wenn man sie separat pflegt.
- Eine gute Filteranlage ist bei reinen Fischbecken Pflicht. Diese Aquarien sollten ebenso wie die Gesellschaftsbecken nicht übersetzt werden. Faustregeln besagen, dass der Besatz von 10 cm Fisch pro 100 Liter Wasser nicht überschritten werden sollte, bei schlanken Fischen sind auch 20 cm oder mehr auf 100 Liter möglich. Es kommt eher auf den Stoffumsatz der Tiere als auf deren Größe an. Ein räuberischer Vielfresser wird das Wasser sicher mehr belasten als ein Pflanzen fressender oder ein hier und da pickender schlanker Korallenfisch. Zur Stabilisierung des Milieus würde ich auch in einem solchen Aquarium Lebende Steine einsetzen.
- Große Fische benötigen große Becken mit viel Freiraum, damit sie ihren Bewegungsdrang ausleben können, aber auch Versteckmöglichkeiten. Also bei Drücker- und großen Kaiserfischen 800–1.000 Liter Beckenvolumen kalkulieren!
- Tiere des Mittelmeeres, des Roten Meeres und der Karibik sollten in entsprechenden Geobecken gepflegt werden.
- Oktopusse, Tintenfische, Muränen, Plattfische, Rochen u. v. a. m. erfordern entsprechende Kenntnisse des Pflegers sowie spezielle Lebensräume und sollten dem erfahrenen Aquarianer vorbehalten sein – wenn sie schon nicht ganz in der Natur gelassen werden.

CHECKLISTE

Beim Tierkauf beachten

- Bevor Sie Ihre Tiere kaufen, muss das Aquarium vollständig eingerichtet und die Wasserwerte müssen stabil sein (◐ 84).

- Erkundigen Sie sich vor dem Kauf über die Bedürfnisse der Tiere (◐ 12: Platzbedarf, Futter-, Licht- und Strömungsansprüche).

- Achten Sie auf die richtige Vergesellschaftung und bedenken Sie auch den ökologischen Nutzen der Tiere.

- Kaufen Sie Fische nicht einzeln, sondern halten Sie sie, sofern angebracht, als Paar. Lediglich in kleineren Aquarien kann es sinnvoll sein, von einer Art nur einen Fisch zu halten, damit es nicht zu Revierkämpfen kommt.

- Die Tiere sollten keinerlei Krankheitserscheinungen (Flossenklemmen, Scheuern, heftige Atmung, weiße Pünktchen auf der Haut) zeigen und gut genährt sein (keine eingefallenen Bäuche). Ein guter Händler hat gepflegte Becken und kann über das Herkunftsland seiner Fische sowie Fang-/Sammelmethoden Auskunft geben.

- Korallen sollten beim Kauf geöffnet sein. Steinkorallen sind sehr anspruchsvoll, als Einsteiger sollten Sie zunächst besser auf diese Tiere verzichten.

- Während des Transports darf die Wassertemperatur im Plastikbeutel nicht abfallen. Lassen Sie ihn daher warm einpacken, am besten ist eine Isolierbox dafür geeignet. Halten Sie den Transport so kurz wie möglich, denn er bedeutet Stress für die Tiere.

Der gelbe Karibik-Grunzer
(Haemulon flavolineatum) lebt meist in großen Schwärmen.

THEMA AQUARIUM EINRICHTEN

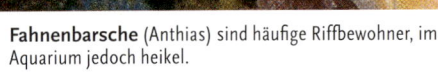
Fahnenbarsche (Anthias) sind häufige Riffbewohner, im Aquarium jedoch heikel.

Die Einrichtungs- und Einlaufperiode des Meerwasserbeckens ist sicherlich die aufregendste Phase in der Aquaristik. Je sorgfältiger man dabei vorgeht, desto leichter wird man es hinterher mit dem laufenden Aquarium haben. Zuerst sollten Sie sich darüber im Klaren sein, welche Tiere Sie anschaffen möchten und wie diese zu pflegen sind (siehe Porträts ◯18).

Das Becken

Standort

Der Standort des Beckens ist wichtig, da ein recht großes Gewicht auf dem Boden lasten wird. Gefüllt bringt das Aquarium pro Liter Wasser mindestens ein Kilogramm auf die Waage. Meerwasseraquarien beginnen in der Regel bei 200 Litern, im Schnitt fassen sie 400–800 Liter, in extremen Fällen auch mehrere 1.000 Liter. Sowohl Aquarienunterbau als auch der Zimmerboden müssen dieses Gewicht tragen. Sorgen Sie daher für Stabilität und achten Sie darauf, dass das Becken eben steht. Das Aquarium sollte außerdem nicht zu nahe am Fenster stehen, denn direktes Sonnenlicht fördert übermäßigen Algenwuchs; Temperatur- und Lichtschwankungen beeinflussen zudem die Wassertemperatur. Überlegen Sie sich den Standort vor dem Einrichten genau; einmal gefüllt, werden Sie das Aquarium kaum mehr von der Stelle rücken können.

Material und Größe

Aquarien werden aus Acryl-, Plexi- oder normalem Glas hergestellt. Mit einem Aquarium aus silikonverklebtem Glas liegen Sie auf jeden Fall richtig. Bei größeren Becken geben Querverstrebungen oben eine zusätzliche Stabilität. Die Dicke des Glases hängt vom Fassungsvermögen des Beckens ab, der aquaristische Fachhandel bietet entsprechende Standardlösungen an.
Sicherlich haben Sie beim Blick in ein Aquarium schon einmal bemerkt, dass die Abstände durch das Wasser optisch verkürzt werden. So sollten mindestens 60 cm, besser 70 bis 80 cm Tiefe gewählt werden. Die Höhe sollte maximal 70 cm betragen, damit der Boden noch mit den Armen erreichbar ist, die Länge mindestens 1 m.
Ein gutes Maß für den Anfang ist z. B. 130x60x60 cm. Generell gilt: Je größer, desto besser. In einem großen Becken ist das biologische Gleichgewicht stabiler und Sie haben mehr Gestaltungsmöglichkeiten.

Überlauf

Leider entsprechen die technischen Apparaturen nicht immer den optischen Ansprüchen. Am besten werden sie von der so genannten Überlauf- oder Sumpflösung (Berliner System) erfüllt: Das Wasser läuft in ein im Becken angebrachtes, mit den Seitenwänden verklebtes „Innenbecken". Von dort geht es über eine Bohrung in ein kleines Unterbecken, woraus es mit einer starken Pumpe wieder in das Hauptbecken befördert wird. Im unteren Becken, dem Filtersumpf, können alle Filter, Kammern, Abschäumer, Heizer etc. nach Belieben ein-, an- und umgebaut werden. Der klare Vorteil: Die Technik ist versteckt, alle Teile sind komfortabel zu erreichen, der Wasserstand des Hauptbeckens bleibt gleich, es bildet sich keine Kahmhaut, und das für die Tiere störende Hantieren im Hauptbecken wird minimiert.

Untergestell

Ein gefülltes Becken kann je nach Größe durchaus eine halbe Tonne wiegen. Deswegen muss das Gewicht gleichmäßig auf der Bodenfläche verteilt werden. Gut sind fachmännisch verstrebte Aluminium- oder Stahlrohrgestelle mit einer dicken Holzplatte. Diese Platte sollte geringfügig größer sein als der Aquarienboden, sie kann somit als Schlagschutz für die Scheiben dienen. Gut ist es außerdem, zwischen Untergestell und Beckenboden eine 0,3 bis 1 cm dicke Schaumstoffplatte zu legen, die Unebenheiten ausgleicht.

Das Gestell sollte 70 cm Innenhöhe zulassen, damit alle Geräte gut untergebracht werden können. Es kann nach Belieben verblendet werden, ebenso kann das Becken unten mit einer Profilleiste und oben mit einer Zier- oder Lichtleiste versehen werden.

Ein entsprechender Unterschrank aus Holz ist natürlich auch empfehlenswert, wenn er das Gewicht des Aquariums über einen längeren Zeitraum tragen kann. Holz hat allerdings den Nachteil, dass es bei Wasserkontakt im Laufe der Zeit in Mitleidenschaft gezogen wird.

Schleimfische wie Salarias fasciatus eignen sich als Algenfresser hervorragend für den Erstbesatz mit Fischen.

Aquariendekoration

Die Faszination, die von der Fülle an Formen und Farben von Pflanzen und Tieren sowie vom Zusammenspiel der Licht- und Wasserbewegung ausgeht, führt die meisten Meerwasseraquarianer zum salzigen Hobby. Vergessen Sie bei aller Begeisterung für die Unterwasserwelt nicht, dass primär die Bedürfnisse der Tiere befriedigt werden müssen und erst in zweiter Linie der persönliche Geschmack zählt. Denken Sie daher daran, den Tieren genügend Verstecksplätze zu bieten und die Korallen nach ihrem Lichtbedarf anzuordnen. Außerdem sollten Sie alle technischen Geräte für Wartungszwecke gut erreichbar anbringen. Innerhalb dieses vorgegebenen Rahmens können Sie nach Ihrem Geschmack einrichten, eine natürliche Rifflandschaft nachbauen, ein Sandhabitat erschaffen oder einfach nur eine dekorative Kunstlandschaft erfinden.

An der Rückwand des Aquariums kann man farbige, am besten blaue Folie befestigen, die einen Eindruck von Tiefe gibt. Bitte keine Innenrückwände aus Kunststoff verwenden, da diese oft Stoffe an das Wasser abgeben.

Steine und Bodengrund einsetzen

Für ein Riffbecken wären ausschließlich Lebende Steine am besten. Als Richtwert sollte man etwa 0,1–0,2 kg Lebendgestein pro Liter Aquarienvolumen einsetzen. Da diese aber sehr teuer sind, kann ein Teil der Dekoration mit möglichst kalkhaltigem Gestein (Dolomit, Tuff etc.) gestaltet werden. Denken Sie daran, für Korallen, die an einem Substrat befestigt sind, ausreichend Platz zu lassen.

- Zuerst sollte man größere Gesteinsbrocken als Untergrund auf den Beckenboden legen. Haben Sie scharfkantige Steine, dann sollten Sie den Glasboden des Aquariums mit Steinplatten oder Hart-PVC- bzw. Acrylglasscheiben schützen.
- Füllen Sie den Sand nicht vor den Steinen ein, denn Sandbewohner könnten die Steineinrichtung untergraben und somit zum Einsturz bringen.
- Bauen Sie Höhlen und Steinvorsprünge, die den Riffbewohnern als Verstecke dienen können.
- Achten Sie außerdem darauf, die Strömungs- und Filterpumpen nicht mit Steinen zuzubauen.

Fahnenbarsche (hier Anthias squamipinnis Weibchen) sind farbenprächtige Planktonfresser.

- Bedenken Sie, dass poröse Steine durch den Auftrieb oder durch eingeschlossene Luftblasen sehr leicht werden können, so dass sie im Laufe der Zeit durch Strömung, Hantieren oder gar die Tiere verschoben werden. Für Riffüberhänge und Höhlenlandschaften ist daher eine zuverlässige Befestigung unabdingbar.
- Gut für Befestigungen geeignet sind Kabelbinder aus Kunststoff oder Nylonschnüre. Damit können Steine verbunden oder Riffüberhänge stabilisiert werden. Plastikschrauben, PVC und Acryl sind relativ gut für Meerwasserbecken geeignet. Werkstoffe mit Metallteilen, Gummi oder Ähnliches sollten nicht verwendet werden. Wichtig ist, dass alle Werkstoffe langfristig keine unerwünschten Verbindungen an das Meerwasser abgeben.
- Unterwasserkleber härtet nach dem Anmischen unter Wasser aus und kann zum Befestigen von Substraten und Korallen dienen. Er ist für leichte und kleinere Stücke ganz gut geeignet.
- Auf dem sicher befestigten toten Gestein kann nun Lebendgestein aufgebaut werden.
- Anschließend füllen Sie den Bodengrund ein. Am besten ist Korallenbruch oder Muschelgrus. Feiner Sand ist weniger gut geeignet, denn darin kann es immer wieder zu Fäulnisprozessen kommen.

Auch **Seescheiden** entwickeln sich manchmal auf den Lebenden Steinen.

Lebende Steine

Ohne Lebende Steine ist die heutige Riffaquaristik undenkbar. Sie beeinflussen das Mikromilieu der Lebewesen positiv, sorgen auch in reinen Fischbecken für günstige Bedingungen und bieten manch leckeren Happen für anspruchsvolle Pfleglinge.
Das Lebendgestein besteht hauptsächlich aus kalkhaltigem Material, Korallenskeletten, Muschelschalen etc. Es kommt direkt aus dem Meer und wurde idealerweise den Riffgeröllzonen entnommen. Beim Transport muss es stets nass bzw. feucht gehalten werden. Es kann sehr porös oder sehr fest sein. Als Faustregel gilt: mindestens 10%, besser 20–30% des Aquarienvolumens an Lebendgestein einsetzen.
Auf oder aus diesen Steinen entwickeln sich viele Kleinlebewesen: Algen, Schwämme, Korallen, kleine Krebse, Schnecken und Muscheln, die ein Aquarium bereichern und zur Stabilität des ökologischen Systems beitragen. Am wichtigsten ist jedoch ihre biologische Filterwirkung. Die mit den Lebenden Steinen in das Becken eingebrachten Bakterien und Dentrifikatoren sind in der Lage, Ammonium, Nitrit und sogar Nitrat innerhalb kürzester Zeit abzubauen. Diesen Eigenschaften ist es zu verdanken, dass in der Riffaquaristik oft auf einen Riesel- und Nitratfilter verzichtet werden kann.
Lebendgestein wird erst in das Aquarium eingebracht, wenn die Temperatur und der Salzgehalt nach der Neueinrichtung konstant sind, also nach etwa zwei bis drei Tagen.

CHECKLISTE

Einrichten Schritt für Schritt

- **Beckenstandort und Material** des Unterschrankes überlegt wählen.

- **Anbringen und Testen** der Verrohrung und technischen Geräte.

- **Beim Überlauf** muss die PVC-Verrohrung installiert und alles für den Filtersumpf vorbereitet werden. Mit dem handelsüblichen Tangit sind die Rohre nach 24 Stunden einsatzbereit. Die Dichtigkeit der Verrohrung an den sensiblen Glasbohrungen sollte mit ein wenig Süßwasser getestet werden. Anschließend werden alle Pumpen versteckt angebracht, sie sollten sich aber dennoch gut warten lassen.

- **Dekoration** des toten Gesteins und Einbringen des Bodengrundes.

- **Die trockenen Steine** werden auf den nackten Boden gelegt und gut verkeilt. Erst dann wird der gereinigte Bodengrund eingefüllt.

- **Befüllung** (ca. 70%) und Aufsalzung.

- **Das Becken** wird nun mit (möglichst aufbereitetem) Süßwasser zu etwa 80% gefüllt.

- Wenn die **Zimmertemperatur** erreicht ist, wird Meersalz eingestreut (33 bis 34 g/l) und alle Pumpen in Betrieb genommen. Darauf achten, dass möglichst alle Beckenbereiche gut durchströmt werden. Nach ein bis zwei Tagen messen Sie den Salzgehalt und stellen mit Süßwasser bzw. Salz die gewünschte Dichte ein (1,023 g/cm^3).

- Jetzt beginnt die Einfahrphase (◉ 68).

THEMA   DAS EINFAHREN DES AQUARIUMS

Viele **Gehäuseschecken** sind nachtaktive Allesfresser.

Geduld muss sein

Bevor Sie sich an der farbenfrohen Unterwasserwelt freuen können, müssen Sie allerdings etwas Geduld aufbringen. Es dauert eine ganze Weile, bis die Ionenzusammensetzung des Wassers den Lebensanforderungen der Pflanzen und Tiere entspricht. Ammonium und Nitrit sollten im Becken nicht mehr nachweisbar sein, wenn die ersten Tiere eingesetzt werden, weil diese Stoffe für alle Tiere hoch giftig sind. Der Nitratwert sollte in Riffbecken auf keinen Fall höher als 20 mg/l sein, reine Fischbecken können mit 100 mg/l Nitrat noch gefahren werden, 50 mg/l und weniger wären aber anzustreben. Eine gute biologische Reifung und Stabilisierung des Wassers erfolgt nach etwa 4–6 Wochen, vollständig stabilisiert ist das Becken jedoch erst nach 3–6 Monaten, manche Aquarien benötigen sogar bis zu einem Jahr. Erst dann sollte man an einen ausgewogenen Vollbesatz denken. Die Lebensgemeinschaft Aquarium wird en für Ihre Geduld dankbar sein.

Mit dem Einfahren beginnen

Beginnen Sie mit dem Einfahren erst, wenn das Becken komplett eingerichtet, die Technik betriebsfertig, das Wasser eingefüllt sowie aufgesalzt ist und Strömungspumpen wie Heizer in Betrieb sind. Bitte benutzen Sie noch kein Licht, auch keinen Abschäumer oder Filter. Warten Sie 1–2 Tage, damit sich alles richtig mischt, und justieren Sie dann auf den gewünschten Dichtewert mit Salz- oder Süßwasser nach. Warten Sie nochmals 1–2 Tage. Am vierten Tag besetzen Sie das Becken mit Lebenden Steinen und füllen das Wasser mit der richtigen Dichte auf den gewünschten Pegel auf.

Das Aquarium ist somit angeimpft. Lassen Sie das Becken mit viel Strömung im Dunkeln stehen, aber schalten Sie Filter und Abschäumer an. Eventuell impfen Sie noch mit Salz liebenden (halophilen) Bakterien, die Sie im Fachhandel erwerben können. Das Salzwasser ist zu diesem Zeitpunkt sehr aggressiv.

Nacktschnecken (hier Phyllidia arabica) sind meist auf ganz spezifische Beute angewiesen (Schwämme, Korallen o.ä.).

Leben kann sich unter solchen Bedingungen nicht entwickeln, höhere Lebewesen würden unweigerlich darin zu Grunde gehen. Auch auf den Lebenden Steinen wird zunächst Leben erlöschen, im Laufe der Zeit wird sich jedoch aus Sporen, Larven oder Eiern neues entwickeln.

Das Leben im Becken beginnt

Das Becken mit den Lebenden Steinen sollte noch 2–3 Tage im Dunkeln stehen. Dann schalten Sie die Beleuchtung ein, die erste Woche 2–3 Stunden, die zweite Woche 4–6 Stunden. Ab der dritten Woche (= vierte Befüllungswoche) können Sie voll beleuchten. Messen Sie die Wasserwerte, vor allem Ammonium, Nitrit und Nitrat. Erst wenn die Werte für Ammonium und Nitrit (< 0,05 mg/l) unter der kritischen Grenze liegen (☉ 87), können die ersten Tiere eingesetzt werden. Das kann 4–6 Wochen dauern. Als Erstbesatz sind Algenfresser zu empfehlen, vor allem kleine Schnecken (*Astrea*) und Einsiedlerkrebse. Sie werden beobachten, dass sich im Becken nun schon eine ganze Menge Leben entwickelt hat. Zunächst wird es sich dabei um Algen handeln: Die braune Kieselalge gedeiht auf Grund des Siliziumgehaltes des Wassers. Wenn das Silizium zur Neige geht, verschwindet sie wieder. Doch dann werden Blaualgen, später fadenförmige Grünalgen auftreten. Grünalgen sind in Riffbecken unerwünscht, in Fischbecken jedoch positiv. Sie werden sehr schnell wuchern und bald alles überziehen, wenn man nicht geeignete Gegenmaßnahmen trifft.

Doktorfische (hier Acanthurus pyroferus) sind gut für den Erstbesatz geeignet.

Tiere für den Erstbesatz

Der Erstbesatz mit Korallen sollte frühestens nach 6–8 Wochen erfolgen. Zunächst bitte nur sehr wenige und recht unempfindliche Tiere einsetzen, z. B. *Sarcophyton*-Arten. Sind Sie ein geduldiger Mensch? Setzen Sie die ersten Korallen erst dann ein, wenn alle Grünalgen verschwunden sind! Steinkorallen sollten sowieso erst dann eingesetzt werden, wenn keine Algenplage mehr zu befürchten ist, also nach etwa 6–12 Monaten!

Die ersten Fische können nun ebenfalls eingesetzt werden, am besten Algenfresser wie Doktor- oder Schleimfische. Aber auch hier gilt: nur wenige Tiere einsetzen und genau beobachten. Die Verhältnisse werden sich immer weiter stabilisieren, und der Bestand kann dann in den nächsten Monaten langsam aufgestockt werden.

Das Einsetzen der Tiere

Alle Tiere, vor allem Wirbellose, müssen vorsichtig an das für sie völlig neue Milieu in Ihrem Aquarium gewöhnt werden, da sich ihr Ionenhaushalt nur langsam anpasst.

- Nach dem Transport der Tiere im üblichen Plastikbeutel wird er, sofern sauber, in das Becken gehängt.
- Ca. 10–20% des Beutelvolumens können sofort durch Beckenwasser ersetzt werden.
- Im Laufe von einer Stunde tauschen Sie nach und nach das Wasser völlig aus und entlassen bzw. platzieren das Tier im Becken. Um ganz sicher zu gehen, dass man sich mit dem Händlerwasser keine Krankheitserreger ins eigene Aquarium holt, kann man es völlig verwerfen. Am sichersten wäre natürlich ein Quarantänebecken, doch die meisten Aquarianer entlassen die Tiere direkt ins Aquarium, da diese Vorgehensweise weniger Mühe macht.
- Falls Sie bereits Fischbesatz im Becken haben, müssen Sie bei jedem Einsetzen weiterer Fische sehr vorsichtig vorgehen, um Revierstreitigkeiten zu vermeiden und Sozialstress zu reduzieren. Lenken Sie die anderen Tiere ab, indem Sie beispielsweise einen Stein im Becken versetzen.
- Bei Wirbellosen sollten Sie beim Einsetzen noch langsamer vorgehen. Berücksichtigen Sie stets die spezifischen Besonderheiten der Tiere: Stachelhäuter und Schwämme dürfen z. B. nie mit der Luft in Berührung kommen, während Korallen und Fische dies kurzfristig ertragen.

CHECKLISTE

Einfahren Schritt für Schritt

1. PHASE – Dunkelphase – Tag 0–4
Das Becken ist eingerichtet, der Heizer und die Pumpen laufen auf Hochtouren, das Wasser und das Salz mischen sich noch.

2. PHASE – Animpfen – Tag 5–8
Die Lebenden Steine werden eingebracht, das Becken wird bis zum gewünschten Pegel mit Salzwasser gefüllt, der Abschäumer und ein evtl. vorhandener Rieselfilter werden in Betrieb genommen. Animpfen mit Salz liebenden Bakterien oder mit Wasser/Bodengrund aus alteingefahrenem Becken zusätzlich kann nicht schaden. Das Becken bleibt noch 1–2 Tage dunkel.

3. PHASE – „Live and let die" – Tag 9–14 Es wird 2–3 Stunden täglich beleuchtet. Braune, schmierige Überzüge auf dem Glas und den Steinen (Kieselalgen) werden durch Pumpenstrahl oder mit einer Bürste 1–2x täglich (vorsichtig) entfernt. Die Schnellfilterwatte wird täglich gewechselt. Der Ammoniakwert steigt, später auch der Nitritwert.

4. PHASE – Recycling – Tag 15–21
Die Lichtphase wird auf 4–6 Stunden täglich gesteigert. *Caulerpa*-Algen einsetzen! Es bilden sich Blaualgen, der Nitritwert ist recht hoch, der Ammoniumgehalt sinkt. Die Steine immer noch 1x täglich reinigen.

5. PHASE – Stabilisierung – Tag 22–45
Das Milieu stabilisiert sich, weil alle Bakterien auf Hochtouren arbeiten und jetzt kaum noch Organismen sterben. Nitrit und Ammonium sollten nicht mehr nachweisbar sein. Grünalgen beginnen zu wachsen. Erster 10%-Wasserwechsel nach ca. 4 Wochen, erstes Einsetzen von Algenfressern (Schnecken und Einsiedlerkrebsen). Alle technischen Systeme sollten jetzt normal angeschaltet werden.

6. PHASE – Erstbesatz (Woche 4–6)
Wenn kein Nitrit nachweisbar ist, können die ersten unempfindlichen Korallen eingesetzt werden. Die ersten Fische (Doktoren) nach ca. 6 Wochen. Bitte nur wenige Tiere, beobachten Sie sie genau. Der Besatz wird nach und nach bis zum Vollbesatz nach frühestens einem Jahr vervollständigt.

THEMA   PROBLEME MIT ALGEN

Der **Gelbklingen-Nashorndoktorfisch** (Naso lituratus) benötigt große Mengen an Blatt- und Braunalgen sowie viel Schwimmraum.

TIPP

Maßnahmen gegen Algenwuchs
- In der Anfangsphase täglich 1–2x mit einer kräftigen Strömungspumpe über die Steine blasen. Dabei wird eine Menge Sediment aufgewirbelt, das Becken wird trübe, aber die kräftigen mechanischen Schnellfilter, die Sie in dieser Phase täglich wechseln sollten, klären das Wasser innerhalb von 2 Stunden.
- Hartnäckige Algen können mit einer Zahnbürste abgerieben werden, wobei aber auch potentielles Leben auf den Steinen zerstört wird.
- Erfolgreich wirkt auch das Konkurrenzprinzip, indem frühzeitig (Woche 2–3) *Caulerpa*-Algen in Massen eingesetzt werden. Sie hemmen andere Algen in ihrem Wuchs.

Höhere Algen wie die Kriechsprossalge sind im Aquarium durchaus erwünscht und werden bewusst eingesetzt, da sie im Wasser gelösten Stickstoff oder Phosphate binden können und als Nahrungsquelle für Fische dienen (◉ 100). Lästig sind allerdings Faden- und Schmieralgen. Vermehren sie sich übermäßig, dann können sie großen Schaden anrichten. Daher müssen Sie gegen diese Algen vorgehen, wenn Schmieralgen Ihr an sich schönes Aquarium nicht mit einem schleimigen Film überziehen und entstellen oder Fadenalgen marine Wirbellose überwuchern sollen. Für starken Algenwuchs sind meist eine schlechte Wasserqualität (zu viel Nitrat oder Phosphat), eine falsche Beleuchtung oder ein Mangel an Fressfeinden verantwortlich. Bei Algenproblemen also stets zunächst eine Wasseranalyse durchführen.

SOLUTIONFINDER ALGENPROBLEME

PROBLEM	URSACHE	ABHILFE
Kieselalgen	**zu hohe** Silikatkonzentration	Silikate mittels Ionenaustauscher oder Umkehrosmose entfernen
		siliziumhaltiges Material (Steine) im Becken vermeiden
Rotalgen	**unzureichende** Beleuchtung	Lichtquellen austauschen
	zu hohe Nitratwerte	durch Abschäumen Nitratgehalt senken
		ausgewogener Besatz mit Lebenden Steinen
Fadenalgen	**zu viele** Nährstoffe im Wasser	**Vorbeugend** ▸ guten Abschäumer zulegen ▸ nicht zu viel füttern ▸ Schnellfilter häufig säubern ▸ Pflanzenfresser (Seeigel, Schnecken, Krabben, Doktorfische) als Besatz wählen ▸ einen Kalkreaktor benutzen (auf den schönen Kalkalgen siedeln sich keine anderen Algen an)
	zu hohe Phosphatkonzentration	**Bei Befall** ▸ Phosphatentferner einsetzen. ▸ ausser Kalzium keine Spurenelemente zuführen ▸ großer Wasserwechsel (20–30%), dabei Algen mechanisch entfernen (abbürsten, abzupfen) ▸ Fütterung reduzieren ▸ nach einer Woche neue Algen entfernen und 10%iger Wasserwechsel; evtl. 1–2x wiederholen und erst nach 1–2 Monaten wieder Spurenelemente zuführen

PFLEGEPLAN — RUND UMS AQUARIUM

Clownfische (A. clarkii) werden idealerweise mit ihren Symbioseanemonen gehältert.

Der erfahrene Aquarianer wird mit einem Blick feststellen, ob im Becken alles in Ordnung ist. Manche aufwendige Messtechnik kann auf ein Mindestmaß reduziert werden, wenn Sie ein geschultes Auge haben. Schauen Sie täglich bewusst in Ihr Becken, um eventuelle Anomalien auszumachen. Der tägliche Pflegeaufwand beträgt eigentlich nur wenige Minuten.
Die meiste Zeit werden Sie mit Beobachten und Zuschauen verbringen – und das macht schließlich Spaß!
Im Folgenden erhalten Sie einen Überblick über Wartungs- und Pflegearbeiten, die Sie an einem eingefahrenen Aquarium vornehmen sollten.

Täglich
- Durch Beobachten Gesamtzustand des Beckens überprüfen; hin und wieder sollten Sie bei Dunkelheit mit einer Taschenlampe in das Aquarium schauen, da Schädlinge oft nachts unterwegs sind.
- 1–3x mit Frost-, Trocken-, Lebendfutter füttern.
- Verdunstetes Wasser nachfüllen (aufbereitetes Wasser verwenden).
- Temperatur mit einem Thermometer überprüfen.
- Funktion der Pumpen und Lampen überprüfen.
- Funktion des Abschäumers und sämtlicher Filter (inklusive Schnellfilter) auf Verschmutzungen überprüfen.

Jeden 2. bis 3. Tag
- Schnellfilter wechseln.

Jede Woche
- 1–2x Additive nach der Dosierungsanleitung zugeben.
- Abschäumer säubern.
- Salzkrusten mit einem nassen Lappen entfernen.
- Nitrit und Ammonium überprüfen.

Alle 14 Tage
- KH überprüfen.
- pH-Wert überprüfen.

Jeden Monat
- 10% des Wassers wechseln.
- 20% der Aktivkohle wechseln.
- Dichte mit einem Aräometer oder Leitwertmesser überprüfen.
- 1–3x andere Filter wechseln.
- Nitrat und Phosphat überprüfen.
- Kalzium überprüfen.

Alle 6 Monate
- Strömungspumpen in Essigwasser reinigen.

Jährlich
- Filtersumpf gründlich reinigen.

Alle 1 bis 3 Jahre
- Brenner/Leuchtstoffröhren wechseln.
- Wartung der Rohre und Pumpen (Auseinanderbauen).

Nach Bedarf
- Sichtscheiben reinigen.

CHECKLISTE

Urlaubsversorgung

○ Falls Sie keinen Hobbyaquarianer kennen, der sich während Ihrer Abwesenheit um das Aquarium kümmert, heißt das nicht, dass Sie nun gar nicht mehr verreisen dürfen. Mit einigen Vorbereitungen können Sie Ihr Aquarium 2–3 Wochen allein lassen und lediglich jemanden bitten, hin und wieder nach dem Rechten zu sehen.

○ Legen Sie sich einen Futterautomaten zu, den Sie mindestens eine Woche vor Ihrer Abreise in Betrieb nehmen, um seine Funktion zu überprüfen.

○ Außerdem sollte der Vorratsbehälter für die Wasserstandsregelung ein genügend großes Fassungsvermögen haben.

○ Vier Wochen vor Ihrem Urlaub sollten Sie keine neuen Tiere mehr einsetzen.

○ Überprüfen Sie, ob alle elektrischen Geräte noch einwandfrei funktionieren. Reinigen Sie Filter und Abschäumer gründlich.

○ Wenn Sie doch eine geeignete Urlaubsvertretung finden konnten, nehmen Sie sich viel Zeit, um ihr Fütterung, die Funktion des Aquariums und Pflegearbeiten zu erklären.

○ Für Notfälle sollten Sie die Telefonnummer einer erfahrenen Person hinterlassen, die sich bei größeren Schwierigkeiten um das Aquarium kümmern kann.

THEMA BELEUCHTUNG

Der Blick in das sonnendurchflutete Wasser tropischer Korallenriffe lässt erahnen, welche Bedeutung dem Licht in diesen Breitengraden zukommt. Vor allem die Korallen sind durch ihre besondere Lebens- und Ernährungsweise auf ausreichend Licht angewiesen. Ihre Versorgung erfolgt normalerweise über Algen, die in ihrem Gewebe eingelagert sind und durch Photosynthese Energie zur Verfügung stellen. Manche Korallen hingegen bevorzugen abgedunkelte Standorte, weil sie sich nicht photosynthetisch ernähren, sondern Zoo- oder Phytoplankton zu sich nehmen. Wieder andere Tiere sind in Mittellichtzonen angesiedelt, grelles Licht würde unweigerlich zum Rückgang dieser Tierkolonien führen. Sie sehen: Es ist sehr wichtig, die Lichtbedürfnisse der einzelnen Tiere zu kennen und im Meerwasserbecken zu befriedigen.

Fische sind nicht so empfindlich. Für ein Riffbecken kommen prinzipiell HQI-Lampen und/oder Leuchtstoffröhren in Frage; für ein reines Fischbecken reichen Leuchtstoffröhren aus.

Ein wenig Physik

Die Lichtstärke wird in Lux gemessen und beträgt mittags in den Tropen bei freiem Himmel an der Wasseroberfläche ca. 100.000 Lux, die Durchschnittswerte in 1–2 m Tiefe liegen um die 30.000 Lux. Morgens und abends sind es natürlich weniger, etwa 12.000 Lux. Ein Aquarium, das mit Korallen besetzt ist, sollte daher durch Lampen mit hoher Lichtstärke (50.000–100.000 Lux) beleuchtet werden.

Natürliches weißes Licht setzt sich aus Spektralfarben zusammen (von Rot, Orange, Gelb, Grün, Blau, Indigo bis Violett), die das Wasser unterschiedlich gut durchdringen. Jeder Taucher weiß: Je tiefer man ins Wasser dringt, desto mehr wird es von Blautönen beherrscht. Das rote Licht wird zuerst absor-

Das Licht spielt eine sehr wichtige Rolle in tropischen Riffen.

biert, das kurzwellige blaue Licht hingegen erst in größeren Tiefen. Die Korallenfische, die uns kurz unter der Wasseroberfläche noch leuchtend bunt erschienen, wirken in größeren Tiefen eher grau, weil das volle Farbspektrum nicht mehr vorhanden ist. Um ein Licht zu erhalten, dass dem von 5–15 m Tiefe entspricht, benutzt man Lampen mit höherem Blauanteil.

Die Farbtemperatur wird in Kelvin gemessen; je höher der Kelvin-Wert, desto kurzwelliger und blauer ist die Strahlung. In den Tropen misst man 30.000 Kelvin an der Wasseroberfläche, der Durchschnitt liegt bei 15.000 Kelvin.

Lampentypen

HQI-Lampen

HQI-Lampen ist das Kürzel für Halogen-Metalldampf-Lampen. Sie bestehen aus einem Gehäuse, in dem ein mit Quecksilberdampf gefülltes Glasrohr als Strahler eingesetzt wird. Durch angelegte elektrische Spannung gibt die Lampe ein sehr intensives Licht ab, welches dem natürlichen Farbspektrum unserer Sonne sehr nahe kommt. HQI-Leuchten sind für die Hälterung von Korallen am besten geeignet. Sie sind Punktstrahler und werden meist als Hängelampen über dem Aquarium angebracht. HQI-Lampen sind zwar sehr teuer, aber dennoch unverzichtbar, wenn man Steinkorallen oder Riesenmuscheln erfolgreich halten möchte.

Leuchtstoffröhren

Krusten- und Scheibenanemonen sowie andere Tiere der Mittellichtzone und reine Fischbecken lassen sich ohne Probleme mit den handelsüblichen Leuchtstoffröhren halten. Diese Röhren sind sehr viel preiswerter als HQI-Lampen und geben zudem weniger Wärme ab, was bei den HQI-Lampen zu Problemen führen kann. Zudem kann man mit einer Kombination aus blauen und tageslichtweißen Röhren auch vielen Tieren das nötige Lichtspektrum bieten.

Viele Aquarianer setzen HQI-Lampen und Blaulicht-Leuchtstoffröhren in Kombination ein, wobei die Lampen zu unterschiedlichen Zeiten geschaltet werden.

Wichtig bei allen Typen ist natürlich eine gute Reflektion des Lichtes innerhalb des Lampengehäuses, damit das Licht zielgerichtet auf die Wasseroberfläche gelangt.

Auch Wirtsanemonen benötigen viel Licht.

Beleuchtungsstärke

Die meisten Meerwasseraquarianer benutzen HQI-Licht und Blaulicht in Kombination, wobei die (Gesamt-)Wattzahl meist zwischen 0,5 und 1,5 Watt pro Liter Beckenvolumen liegt.

▶ MINDESTANFORDERUNG Als Mindestanforderung für Korallenhälterung gilt: Für ein 500-Liter-Becken mit 50–60 cm Höhe ist eine HQI-Lampe mit 250 Watt anzusetzen, besser sind zwei HQI-Lampen à 150–250 Watt. Möchte man nur einen 150-Watt-HQI-Strahler benutzen, empfiehlt es sich, zusätzlich noch Tageslicht- und Blaulicht-Leuchtstoffröhren anzubringen. So kann man unterschiedliche Lichtzonen schaffen.

▶ FAUSTREGEL Als Faustregel bei normaler Tiefe gilt: Je 60 cm Beckenlänge eine HQI-Lampe. Wegen der Hitzeentwicklung und der hohen UV-Strahlung sollten HQI-Lampen in einem gewissen Abstand (ca. 20–30 cm) zur Wasseroberfläche angebracht werden.

Bei Leuchtstoffröhren sollte die ganze Beckenlänge und -breite überdeckt werden, um auch lichthungrigere Tiere pflegen zu können.

Durch Alterungsprozesse der Lampen vermindert sich innerhalb eines Jahres die Intensität auf bis zu 30 % des Ursprungswertes; das Lichtspektrum verschiebt sich ebenfalls, was u. U. zu unerwünschtem Algenwachstum führen kann. Deshalb müssen Sie die Leuchtmittel regelmäßig wechseln.

Beleuchtungsdauer

Ideal wäre es, den Sonnenlauf eines Tages zu imitieren, d. h. am Morgen langsam aufzudimmen, die Lichtintensität bis zu ihrem Höhepunkt am Mittag zu steigern und schließlich bis zum Abend wieder langsam zurückzufahren. Durch Zeitschaltuhren und Leuchtmittel mit Dimmeffekten können Sie

Mandarinfische (Synchiropus spec.) begnügen sich mit weniger Licht.

diesen Effekt erreichen. Die Gesamtdauer der Beleuchtung sollte 14 Stunden pro Tag nicht überschreiten, am besten sind 12 Stunden „Sonnenscheindauer" wie in den Tropen. Schalten Sie die Leuchtstoffröhren zwei Stunden vor der Hauptbeleuchtung an und ebenfalls zwei Stunden später nach der Hauptbeleuchtung wieder aus. Das HQI-Licht brennt somit nur 6–8 Stunden, während die restliche Zeit mit Röhren beleuchtet wird.

Mondlicht

Viele Korallen und natürlich auch andere Tiere werden vom Mond beeinflusst, Korallen beispielsweise laichen immer an den gleichen Tagen einer Mondphase ab.

Mondlicht kann durch eine kleine Blaulichtbirne, die nachts auf- und am Morgen wieder abgedimmt wird, erzeugt werden. Eine Mondlichtbeleuchtung kann einen positiven Einfluss auf die Biologie der Tiere haben. Die Wirkung wird allerdings von anderen äußeren Lichtquellen, die nachts Licht auf das Aquarium werfen (z. B. ein Fernseher), aufgehoben. Viele Hersteller bieten Leuchten an, in denen sowohl HQI-Lampen als auch Leuchtstoffröhren und manchmal sogar Mondlicht kombiniert sind. Diese Lampen sind eine sehr schöne Möglichkeit, die gesamte Beleuchtungstechnik unter einem Schirm zu vereinen.

THEMA HEIZEN UND KÜHLEN

Rotfeuerfische (hier Pterois antennata) betrachten kleinere Fische gerne als Beute.

Temperaturregelung im Meerwasseraquarium

Idealtemperatur
Nahezu alle Meerwasseraquarianer hältern tropische Tiere. Die Temperatur in den Tropen ist recht konstant und liegt zwischen 24 und 27°C. Die Idealtemperatur im Aquarium beträgt 25°C. Kurzfristige Schwankungen während des Tages von 1 bis maximal 2°C werden in der Regel von allen Tieren problemlos verkraftet.

Der Heizstab
Die ideale und kostengünstigste Beheizung erfolgt über einen Heizstab. Im Becken sollte dieser mit einem PVC-Rohr verkleidet werden, damit sich Tiere, die kein Wärmeempfinden haben, nicht verbrennen können.
Idealerweise ist der Heizstab im Filtersumpf untergebracht.

▶ **FAUSTREGEL** Die Leistung des Heizstabes sollte bei mindestens einem Watt pro zwei Liter Beckeninhalt liegen.

Durch die Strömungspumpen und die HQI-Strahler wird das Wasser zusätzlich erwärmt, sodass Heizen bei entsprechender Außentemperatur dann oft nicht nötig ist. Deswegen sollten Sie das Becken nach oben offen lassen; der Gas- und Wärmeaustausch mit der Umgebung wird auf diese Weise verbessert. Außerdem wird eine reizvolle Obereinsicht möglich.

Korallenwächter (hier Oxycirrhites typus) sind typische Lauerjäger.

Kühlung

Das eigentliche Temperaturproblem in Meerwasserbecken ist die Kühlung. Besonders bei Mittelmeer- oder Atlantikbecken kommt man ohne Kühlen kaum aus, aber auch in Tropenbecken kann es bei steigenden Umgebungstemperaturen im Sommer nötig sein zu kühlen. Sobald die Wassertemperatur längere Zeit über 30°C liegt, bekommen Ihre Meerwasserbewohner Probleme.

Ein Kühleffekt wird erreicht, indem das Becken offen gelassen wird und somit Wasser verdunsten kann; Ventilatoren, die über die Wasseroberfläche blasen, können diesen Effekt steigern.
Die professionellste Lösung ist jedoch der Einsatz eines Kühlaggregates.

- **Salzgehalt**
  84

- **Wasseraufbreitung**
  85

- **Ein bißchen Chemie**
  86–87

- **Messverfahren**
  88

- **Wasserwechsel**
  90

- **Filterung**
  91–93

- **Strömung**
  96–97

THEMA **WASSER**

THEMA MUNTER WIE EIN FISCH IM WASSER

Ihre Meerwasserbewohner sollen sich in Ihrem Aquarium „munter wie ein Fisch im Wasser" fühlen. Die Kenntnis ihrer Wasseransprüche und der Grundlagen der Wasserchemie ist daher sehr wichtig.

Putzerlippfische lieben die Hautparasiten Ihrer Beckeninsassen (hier ein Paletten-Doktofisch).

TIPP

So salzen Sie Wasser auf

- Mischen Sie demineralisiertes Süßwasser oder Umkehrosmosewasser mit dem Salz (33–34 g pro Liter) in einem separaten Becken bei Raumtemperatur, sorgen Sie für eine gute Umwälzung und Belüftung.
- Nach einem Tag messen Sie den Salzgehalt, nach Bedarf korrigieren Sie ihn mit Wasser oder Salz.
- Lassen Sie dieses Wasser bei guter Durchmischung 1–3 Tage stehen. Nasse Salze lösen sich wesentlich schlechter als trockene. Es sollte keinerlei Salzrückstand mehr im Ansatzbecken zu sehen sein, wenn sie das Wasser für einen Wasserwechsel gebrauchen wollen.

Salzgehalt

Der Salzgehalt im Meerwasser ist je nach Region und Temperatur unterschiedlich. Durchschnittlich beträgt er 34 Promille, in der Ostsee sind es aber beispielsweise nur 10 Promille, im Roten Meer 40 Promille. Hauptbestandteil des Meerwassers sind Natrium-, Magnesium- und Kaliumchlorid. Zudem sind noch eine Unmenge anderer Elemente und Verbindungen wie Barium, Kalzium, Strontium, Eisen, Schwefel, Brom, Bor, Jod, Kalziumhydrogenkarbonat usw. im Wasser gelöst, die für den Stoffhaushalt der Tiere durchaus wichtig sind.

Wasser aufsalzen

Das Ein- und Aufsalzen des Wassers ist sehr einfach. Im Zoohandel werden Salze mit hervorragenden Eigenschaften angeboten, die

Der Farben- und Formenreichtum karibischer Riffe steht dem des Indopazifiks in nichts nach.

alle wichtigen Spurenelemente enthalten oder sogar noch mit speziellen Pufferstoffen angereichert sind. Wie Sie beim Aufsalzen vorgehen, entnehmen Sie dem Kasten.

Den Salzgehalt messen
Die Salinität wird über die Dichte oder die Leitfähigkeit des Wassers bestimmt. Zur Dichtemessung wird ein Aräometer verwendet, der meist auf 25°C geeicht ist.
Am besten führt man die Messung in einem genügend hohen Standzylinder durch.
Bei 25°C Wassertemperatur sollten Sie Werte zwischen 1,022 und 1,024 g/cm messen.
Die Messung der elektronischen Leitfähigkeit erfolgt über einen Leitwertmesser, der möglichst eine Temperaturkompensation besitzen sollte. Die Werte sollten zwischen 47 und 49 mS/cm liegen.

Wasseraufbereitung

Normales Wasser aus der Leitung ist in der Regel nicht gut genug für Riffaquarien. Es enthält Nitrat, manchmal Kupfer sowie Siliziumionen und ist zudem gechlort. Daher muss es unbedingt aufbereitet werden. Die Wasseraufbereitung erfolgt durch einen Ionenaustauscher oder eine Umkehrosmoseanlage.

Der Ionenaustauscher
Im Ionenaustauscher werden mittels Kunstharzen Anionen (negativ geladene Ionen) und Kationen (positiv geladene Ionen) durch OH^-– Ionen beziehungsweise H^+– Ionen ausgetauscht. Vereinfacht ausgedrückt, könnte man sagen, dass im Prinzip alle gelösten Ionen gegen reines Wasser selbst ersetzt werden. Ionenaustauscher setzen im Gegensatz zur Osmose das gesamte durchgeleitete Wasser um. Nach einer bestimmten Zeit müssen die Harze allerdings erneuert werden. Dies sollte man besser einem Fachbetrieb überlassen. Nachteile des Ionenaustauschers: Ungeladene Substanzen werden nicht entfernt, auch das unerwünschte Silizium wird oft nicht vollständig ausgetauscht.

Der **Mondsichel-Lippfisch** (Thalassoma lunare) wird häufiger in Aquarien gehalten.

Umkehrosmose

Umkehrosmosewasser enthält idealerweise keine geladenen oder ungeladenen Verbindungen mehr. Die Anlage besteht aus einer Patrone, in der eine spezielle Membran als Filter angebracht ist. Diese Membran ist so fein, dass nur die kleinen Wassermoleküle sie passieren können, während größere Moleküle nicht hindurchgelangen. Die Patrone wird mit einem Vorfilter versehen, der die Lebenszeit der Membran erhöht, größere Schmutzpartikel entfernt und idealerweise auch Aktivkohle enthält, die Chlor bindet. Das durchgeführte Wasser verlässt als Rein- und Schmutzwasser die Anlage. Sie können das „Schmutzwasser" durchaus noch verwenden, z. B. zum Blumengießen.

Wie bei jedem Filter kann die Membran verstopfen und muss ersetzt werden (alle 1–5 Jahre je nach Qualität des Leitungswassers).

Ein bisschen Chemie

Der pH-Wert

Der pH-Wert gibt den Säure- bzw. Basengehalt des Wasser an. Wasser mit einem pH-Wert von 7 wird als neutral bezeichnet, pH-Werte unter 7 bezeichnet man als sauer, Werte über 7 als basisch. Der durchschnittliche pH-Wert des Meerwassers liegt bei 8,2 bis 8,3. Im Aquarium kommt es zu natürlichen Schwankung während des Tageslaufes. Morgens kann er bis unter 8 fallen, da die Kohlensäurekonzentration nachts ansteigt. Während des Tages steigt der Wert bis 8,5 an, da dem Wasser durch die Photosynthese Kohlendioxyd entzogen wird.

Nimmt der Säuregehalt des Wassers stark zu (pH-Wert fällt unter 7,8), so müssen Sie durch Puffer für eine Stabilisierung des pH-Wertes sorgen, indem Sie z.B. Kalziumhydrogenkarbonat über den Kalkreaktor zuführen.

Karbonathärte

Die Karbonathärte (KH), auch Säurebindungskapazität genannt, ist die Summe der im Wasser gelösten Kalzium- und Magnesiumkarbonate. Sie wirken als pH-Puffer, d. h., die Karbonathärte verhindert ein Absinken des pH-Wertes, indem sie Säuren neutralisieren. Im Meer beträgt die Karbonathärte 6° bis 9°KH, im Aquarium sollte sie bei 7°KH liegen.

Stickstoffverbindungen

Stickstoffverbindungen gelangen durch die Ausscheidungen der Fische oder beim Abbau von Futterresten ins Wasser. Auch ein nicht eingefahrener Filter, zu dichter Besatz sowie tote oder absterbende Tiere lassen die Konzentration an Stickstoffverbindungen in die Höhe schnellen.
Stickstoff reichert sich letztlich als Ammonium im Wasser an, wo es von aerob arbeitenden, d. h. Sauerstoff verbrauchenden, Bakterien zu Nitrit und weiter zu Nitrat abgebaut wird.

▶ **AMMONIUM (NH_4^+)** ist an sich für die Fische nicht giftig. Pflanzen dient es sogar als Nährstoff. Gefährlich wird es für Fische, wenn das Ammonium ph-Wert-abhängig in giftiges Ammoniak (NH_3) übergeht. Daher muss das Ammonium aus dem Wasser entfernt werden. Dies leisten verschiedene Abbaubakterien.

▶ **NITRIT (NO_2)**, das auf der nächsten Stufe im aeroben Abbau entsteht, ist für Fische hochgiftig und wird im weiteren Abbau unschädlich gemacht. Nitrit darf im Aquarienwasser nicht nachweisbar sein.

▶ **NITRAT (NO_3)** ist das Endprodukt des aeroben Abbaus und für Fische relativ harmlos, lediglich ab einer Konzentration von 100mg/l wird es gefährlich. Der Nitratgehalt im Wirbellosenbecken sollte jedoch 20mg/l nicht überschreiten. Trotzdem sollte sich Nitrat nicht im Aquarienwasser anreichern. In sehr nitratreichem Wasser ab Werten von 30mg/l vermehren sich Algen geradezu explosionsartig, da Nitrat für sie der ideale Nährstoff ist. Ein ständig hoher Nitratgehalt ist meist ein Anzeichen für zu hohen Fischbesatz, den Sie gegebenenfalls vermindern sollten.

Redoxpotential (rH-Wert)

Vereinfacht gesagt ist das Redoxpotential ein Maß für die Belastung des Wassers mit organischen Substanzen und den Gehalt an Sauerstoff. Je höher der rH-Wert, desto höher ist die Sauerstoffkonzentration und umso niedriger der Gehalt an organischen Stoffen. Der rH-Wert wird mit einem elektronischen Messgerät gemessen. Dabei müssen allerdings Temperatur und pH-Wert sowie die verwendete Messelektrode berücksichtigt werden. Bei 26 °C, einem ph-Wert von 8,2 sollte das Redoxpotential bei der Messung mit einer Platinelektrode 300 Millivolt betragen. Durch Ozon können Sie das Redoxpotential erhöhen.

Ostracion meleagris – gelbe Farbvariante.

Phosphat

Auch Phosphat ist ein Problemstoff in Meerwasseraquarien. Es sollte im Wasser nicht nachweisbar sein, denn Wirbellose gedeihen nicht, wenn sein Gehalt zu hoch ist, dafür wachsen störende Algen bei hohem Phosphatgehalt umso besser. Meist gelangt Phosphat über das Futter, Abfallprodukte der Fische und das Leitungswasser ins Becken. Phosphatbindende Harze, ein Wasserwechsel, ein guter Abschäumer und eine mäßige Fütterung helfen, das Problem zu lösen.

Kalzium und Strontium

Steinkorallen u. a. Organismen benötigen Kalzium. Es ist für viele Meerwasserbewohner ein lebenswichtiges Element, das Steinkorallen z.B. zum Skelettaufbau benötigen. Ebenso brauchen manche Korallen Strontium.

Messen Sie zu niedrige Konzentrationen an diesen Mineralien, sollten Sie die Konzentration mit zusätzlichen Gaben dieser Stoffe wieder anheben.

Additive

Additive sind Mineralien, Spurenelemente und Vitamine, die Sie Ihrem Aquarien zuführen sollten. Im Wasser sind solche Stoffe zunächst in ausreichender Menge gelöst. Sie werden allerdings von den Organismen verbraucht, und ihre Konzentration nimmt folglich ab. Bei einer dauerhaft verminderten Konzentration an Mineralstoffen oder Spurenelementen kann es zu einer Wachstumsstagnation oder gar Verkümmerung bestimmter Tierarten kommen.

Kofferfische (hier Ostracion cubicus) sind in der Regel nur für Fischaquarien geeignet.

Messverfahren

Dank moderner Messmethoden ist es sehr einfach, die Wasserwerte entweder durch chemische Schnelltests oder elektronische Messungen zu überprüfen.

Bei den chemischen Tests wird meist eine Wasserprobe mit dem chemischen Stoff in einem Messbecher versetzt und die Farbveränderungen mit einer Farbskala verglichen. Jede Färbung entspricht einer bestimmten Konzentration an gelösten Stoffen. Bei einer anderen Testmethode wird ein bestimmtes Volumen an Meerwasser mit einer Messlösung bis zu einem Farbumschlag versetzt. Dabei werden die Tropfen gezählt, aus ihrer Anzahl kann man über eine Tabelle auf den Messwert schließen. Beide Verfahren sind relativ ungenau, der erfahrene Aquarianer wird eher zu den genaueren, aber teureren elektronischen Messverfahren greifen.

Bei elektronischen Messverfahren wird meist eine Messelektrode in das Wasser getaucht, die Werte werden digital angezeigt. Vergessen Sie nicht, eine solche Elektrode regelmäßig mit Speziallösungen zu reinigen und diese regelmäßig zu eichen.

Tabelle Aditive

Stoff	gewünschte Konzentration	Zufuhr
Kalzium	400 mg/l	Steinkorallen, Muscheln sowie Kalkrotalgen haben einen hohen Kalziumbedarf, sodass dieses lebenswichtige Element dem Wasser sehr schnell entzogen wird. Es muss daher dem Aquarium durch einen Kalkreaktor oder durch Zugabe von Kalkwasser zugeführt werden.
Strontium	8–13 mg/l	Strontium wird von Steinkorallen zum Skelettaufbau benötigt, entsprechende Präparate können Sie im Fachhandel erwerben.
Jod	0,05–0,2 mg/l	Jodpräparate erhalten Sie im Fachhandel.
Eisen	0,3–0,5 mg/l	Eisen wird von bestimmten Algen und Korallen benötigt. Verwenden Sie normalen Eisendünger für Wasserpflanzen, um die Eisenwerte anzuheben, Vorsicht: Der Eisengehalt sollte nicht mehr als 1 mg/l betragen, weil es sonst zu einem massenhaften Anstieg von Fadenalgen kommen kann.
Magnesium	1.200–1.500 mg/l	Magnesiumpräparate können Sie im Zoohandel kaufen.
Spurenelemente	sehr gering	Spurenelementlösungen oder Wasserwechsel.

Einer der schönsten Zwergkaiserfische ist der **Flamen-Herzogfisch** (Centropyge loriculus).

Wasserwechsel

Ein regelmäßiger Wasserwechsel ist wichtig, da dabei unerwünschte Toxine beseitigt und Spurenelemente hinzugefügt werden, die die Riffeinwohner verbrauchen. Auch wenn Sie Spurenelemente zufügen, kann auf einen Wasserwechsel nicht verzichtet werden. Tauschen Sie anfangs 10% des Wassers monatlich aus (bzw. 2% pro Woche), bei stabilen Werten und Verwendung von Aktivkohle genügen 5% im Monat. Haben Sie wenig Fischbesatz und eine starke Abschäumung, können Sie sich auf 1–2% monatlich beschränken. Kontrollieren Sie aber regelmäßig die Wasserwerte und führen Sie darüber Buch. Bei reinen Fischaquarien sollten Sie 20–25% des Wassers monatlich wechseln, jedoch bitte nicht mehr als 30%, da das Mikromilieu sonst zu stark in Mitleidenschaft gezogen wird und die Fische unnötig unter Stress geraten.

THEMA: FILTERUNG

Eine sehr gut funktionierende Filterung ist erforderlich, damit im Beckenwasser weder Verschmutzungen noch Sauerstoffmangel auftreten und das Wasser klar bleibt. Aber: Den Wasserwechsel, durch den schädliche Produkte verdünnt und verbrauchte Mineralien dem System wieder zugeführt werden, kann die Filterung nicht ersetzen. Natürlich spielt für eine gute Wasserqualität auch ein ausgewogener Besatz und eine angepasste Fütterung eine wichtige Rolle.

Zur Filterung des Wassers stehen mechanische, biologische und chemische Filter zur Verfügung, die meist in Kombination eingesetzt werden.

Mechanische Filter

Eine mechanische Filterung ist unbedingt nötig. In mechanischen Filtern wird das Wasser über Filterwatte, Sand, Schaumstoffe u. a. geleitet, die Schwebeteilchen wie Algen, Detritus und Futterreste werden dabei aus dem Wasser entfernt. Gelöste Stoffe passieren dieses Filtermaterial jedoch und können weiter das Wasser belasten. Deshalb muss zur mechanischen Grobfilterung noch die biologisch-chemische und bakterielle Wasseraufbereitung treten.

Für mechanische Filterverfahren sind nur schnell fließende Filter geeignet. Topf- und Bodenfilter sollten in der Meerwasseraquaristik der Vergangenheit angehören.

Seesterne (hier Fromia mobilis) halten bei guter Pflege lange aus.

Strömungspumpenfilter

Die Strömungspumpen (Powerhead-Pumpen) werden an der Wasseransaugstelle mit einem Kunststoffkorb versehen, der mit Filterwatte gefüllt ist. Durch den starken Wassersog wird ein Großteil der Schwebeteilchen in die Watte gesaugt. Je nach Wasserbelastung sollte eine Wattereinigung bzw. -entfernung alle drei Tage erfolgen, da sie sonst immer mehr verklumpt und die Leistung der Pumpe mindert. Wenn man mit dem Wechsel zu lange wartet, werden die Schwebeteilchen fein zerhackt wieder ins Wasser gegeben.

Oberflächenfilter

Damit sich an der Wasseroberfläche keine Kahmhaut aus Schwebstoffen, Staub, Bakterien etc. bildet, die den Gasaustausch und den Lichteintrag vermindert, sollte das Oberflächenwasser gefiltert werden. Beim Oberflächenfilter wird das Wasser über einen Überlauf in das darunter liegende Filterbecken geleitet. Der Überlauf wird mit Filtervliesen oder Watte locker bestückt. Das Wasser kann auch direkt am Auslauf in das Unterbecken über geeignete Materialien geleitet werden. Diese müssen Sie jedoch täglich reinigen.

Ohne gute Filterung lassen sich solche Meerwasserbecken kaum betreiben.

Biologische Filterung

Biologische Filter reinigen das Wasser unter Zuhilfenahme von Bakterien, die sich im Filtermaterial festsetzen, vermehren und beim Stickstoffabbau für die Umwandlung der Stoffe sorgen. Da die Bakterien dabei Sauerstoff verbrauchen, bezeichnet man diesen Vorgang auch als aeroben Abbau.
Damit biologische Filter gut funktionieren, muss eine große Anzahl von Bakterien vorhanden und eine hohe Sauerstoffsättigung des Wassers geboten sein.
Ist das Becken mit genügend Lebenden Steinen ausgestattet, kann bei Riffaquarien mit ausgewogenem Besatz auf einen biologischen Filter verzichtet werden, nicht aber bei reinen Fischaquarien oder großem Besatz.

Diatomeenfilter
Dieser Filter ist mit den Skeletten mariner Kieselalgen und Planktonrückstanden dicht bepackt. Das auch als Kieselgur bezeichnete Material ist sogar in der Lage parasitäre Krankheitserreger wie Ichthyolarven zurückzuhalten. Somit ist dieser Filter für den kurzzeitigen Spezialeinsatz bei Krankheitsfällen gut geeignet.

Rieselfilter

Für Fisch- oder stark besetzte Riffbecken ist der Rieselfilter der geeignetste. Das Wasser rieselt über das Filtermaterial, was eine Sprühvorrichtung oder Verteilerplatte regelt. Das Filtermaterial wird somit nur benetzt und hat immer Luftkontakt. Die Sauerstoffsättigung des Wassers ist sehr hoch, den Bakterien steht somit genügend Sauerstoff für die Oxidation der Zerfallsprodukte zur Verfügung. Die Filterleistung ist abhängig von der Oberfläche, die den Bakterien als Siedlungssubstrat zur Verfügung steht. Je größer, also je feinporiger das Material, desto besser wird der Filter arbeiten. Die Filtermasse darf jedoch nicht zu dicht gelagert werden, damit der Filter nicht verstopft.

Algenfilter

Algen entnehmen dem Wasser nicht nur nützliche Nährstoffe, Spurenelemente und Mineralien, sondern auch schädliche Stoffe wie Nitrate, Phosphate u. a. Am besten benutzt man ein möglichst großflächiges, niedriges Becken, das vollständig mit Algen, z. B. mit *Caulerpas*, bepflanzt und separat beleuchtet wird. Dieses Becken wird schwach durchströmt an den Wasserkreislauf des Hauptbeckens angeschlossen. Die Algen müssen häufig abgeerntet werden, um eine Entfernung der Stoffe aus dem Kreislauf zu gewährleisten.

Chemische und physikalische Filterung

Der Abschäumer

Die Abschäumung ist die wichtigste Methode, Proteine, angelagerte Zucker und andere Substanzen vor der Zersetzung aus dem Meerwasserbecken zu entfernen.
Ein Abschäumer arbeitet nach einem recht einfachen, aber sehr wirkungsvollen Prinzip: Mit Hilfe von Luftblasen werden die organischen Stoffe entfernt. In der Regel arbeiten die Abschäumer nach dem Gegenstromprinzip, das heißt, dass möglichst feinperlige Luftblasen entgegen dem Wasserstrom in einem Reaktionsrohr mit dem Wasser vermischt werden. An der Oberfläche der Luftblasen werden Schmutzpartikel etc. angelagert. Sie verwandeln sich an der Wasser-Luft-Grenze in einen zähen Schaum. Der Schaum wird in einem speziellen Schaumbecher oder einer Ableitung in ein Entsorgungsgefäß gesammelt. Wichtig ist, dass die Strömung innerhalb des Abschäumers gleichmäßig verläuft.
Kaufen Sie den Abschäumer nicht zu klein, bei Überabschäumung können Sie das Gerät herunterregeln.
Zwei Abschäumertypen existieren auf dem Markt: der Lufpumpenabschäumer oder der Venturi- bzw. Düsenabschäumer.

DER LUFTPUMPENABSCHÄUMER

Dieser Abschäumer kann u. U. bis zu drei zusätzliche Ausrüstungsgegenstände fordern: eine ausreichend große Luftpumpe, Ausströmersteine und eine Wasserpumpe, wenn der Betrieb extern erfolgt. Die Wasserpumpe sorgt für den Kreislauf des Wassers, das abgeschäumt werden soll. Idealerweise wird es vorher mechanisch gefiltert.
Die besten Ausströmersteine sind aus Lindenholz gefertigt; sie müssen von Zeit zu Zeit ersetzt werden. Andere Materialien sind auf Grund der Luftblasengröße viel schlechter geeignet.
Das optimale Verhältnis von Wasserdurchlauf zu Luftpumpenaktivität ist für jedes Becken und jede Situation anders und individuell zu bestimmen.

▶ **FAUSTREGEL** Einmal pro Stunde den Beckeninhalt sowohl als Wasser- als auch als Luftvolumen durch den Abschäumer führen.

DER VENTURI- BZW. DÜSENABSCHÄUMER

Diese Abschäumertypen nutzen ein Venturi-Ventil, um Luftblasen in das Wasser zu injizieren. Somit werden keine Luftpumpe und keine Ausströmersteine benötigt, die ganze Anlage arbeitet leiser. Allerdings muss mit entsprechend effizienten Pumpen ein hoher Druck aufgebaut werden. Preiswertere und meist schlechtere Typen funktionieren über ein Luftloch mit Schraubdeckel, aus dem durch Unterdruck Luft gezogen wird. Wie bei jedem Abschäumer sollte das Kontaktrohr sauber gehalten werden. Zu beachten ist auch, dass die Pumpe mit enormer Kraft gegen einen hohen Druck arbeiten muss, wodurch die Lager stark belastet werden. Die Leistung der Pumpe wird also im Laufe der Zeit sinken.

Ozon

Ozon wird schon seit langem in Verbindung mit der Abschäumung in Meerwasseraquarien angewandt. Ozon ist sehr reaktionsfreudig. Ammonium z. B wird durch Ozon sofort zu Nitrat oxidiert, langkettige, schwer abbaubare Verbindungen werden in kurzkettige umgewandelt. Die Ozonabschäumung erfasst Substanzen wie Phenole und Melanine, die für Gelbstoffe verantwortlich sind und normalerweise nicht abgeschäumt werden. Ozon wird durch Hochspannung in einem Ozonisator erzeugt und als Luft-Ozon-Gemisch in den Abschäumer geleitet. Durch ein spezielles Regelsystem kann das Ozon im Becken bequem auf einen bestimmten Wert eingestellt werden. Gelangt zuviel O_3 ins Becken, schadet das den Tieren. Für stark belastete Fischbecken ist Ozon in Verbindung mit der Abschäumung eine geeignete Filtermethode. Stellen Sie den Ozonisator so ein, dass im Zimmer kein Ozongeruch wahrnehmbar ist.

Aktivkohle

Aktivkohle bindet organische Substanzen wie z.B. Gelbstoffe, die das Wasser verfärben. Sie sollte zumindest gelegentlich eingesetzt werden, v. a. wenn keine Ozonabschäumung betrieben wird.
Die Kohle wird vor dem Gebrauch mit kochendem Wasser übergossen, um sie zu aktivieren und den gelösten Kohlenstaub zu entfernen. Anschließend wird sie in einem Filterbeutel gelagert und damit im Topffilter oder Filtersumpf platziert.
Pro 100 Liter Wasser sollten Sie maximal 100g Aktivkohle einsetzen. Die Aufnahmekapazität der Aktivkohle nimmt im Laufe der Zeit ab. Am besten ist es, monatlich 20 % der Aktivkohle auszutauschen.
Aktivkohle arbeitet so effektiv, dass sie leider auch wichtige Spurenelemente aus dem Becken holt. Dies geschieht umso schneller, wenn die Kohle zusammengepresst wird. Achten Sie daher darauf, dass sie möglichst locker im Beutel vorliegt.

UV-Licht

UV-Licht ist besonders zur Beseitigung von Wassertrübungen und Krankheitserregern geeignet. Die entsprechende Lampe wird außerhalb des Beckens angebracht und befindet sich innerhalb eines Quarzglases, welches von einem normalen Glasmantel umgeben ist. Das Wasser aus dem Becken strömt dabei langsam durch diesen Glasmantel dicht an der Strahlungsquelle vorbei und wieder ins Aquarium zurück. Kleinstorganismen und natürlich auch Krankheitserreger verklumpen schließlich und werden durch den mechanischen Filter erfasst,

Die beliebte Goldkopf-Sandgrundel (Valenciennea strigata) sucht den Sand nach kleinen Wirbellosen ab.

der bei einer solchen „UV-Therapie" häufiger zu reinigen ist. UV-Licht sollten Sie nicht im Dauereinsatz betreiben, weil natürlich dadurch auch die „guten" Bakterien geschädigt werden. Für ein normales 500-Liter-Becken reicht eine 30-Watt-Lampe völlig aus.

ZUSAMMENFASSEND LÄSST SICH FESTSTELLEN
Für ein Riffbecken empfiehlt sich das Berliner System mit einem Abschäumer und den mechanischen Schnellfiltern. Bei Fischbecken oder starkem Besatz sollte zusätzlich noch ein Rieselfilter installiert werden. Zur effektiveren Abschäumung kann man Ozon einsetzen und gelegentlich ein wenig Filterkohle. Eine externe UV-Lampe für Notfälle (Krankheiten) sollte unbedingt angeschafft, jedoch auch nur bei Bedarf eingesetzt werden. Alle weiteren Filter bleiben Spezialanwendungen.

Der Kalkreaktor

Im Wasser gelöstes Kalzium wird in hohem Maße von skelettbildenden Korallen, Kalkalgen, Krebstieren, Weich- und Lederkorallen sowie anderen Organismen verbraucht. Diese Verluste werden unter Zuhilfenahme eines Kalkreaktors ausgeglichen. Der Reaktor besteht im Wesentlichen aus zwei Bestandteilen: einem Kunststoffgefäß mit einer Füllung aus Kalkstein oder Korallenbruch und einer Kohlenstoffdioxidanlage. Das Beckenwasser wird innerhalb des Reaktors mit dem Kohlenstoffdioxid angesäuert und durch den Kalkstein geleitet, aus dem es das von den Organismen benötigte Kalziumhydrogenkarbonat herauslöst. Auf diese Weise werden dem Aquarium stündlich ca. 2–4 Liter mit Kalzium angereichertes Wasser zugeführt.

THEMA STRÖMUNG

Prachtanemonen suchen sich ihren Aquarienstandort oft selbst.

Der Strömung, die wir im Meerwasserbecken mit speziellen Pumpen erzeugen, kommt eine wichtige Bedeutung zu. Sie durchmischt das Wasser, sorgt dafür, dass sich keine Mulm- und Fäulnisherde bilden und die Temperatur konstant bleibt, transportiert Schmutz zum Filter und lässt Sauerstoff sowie Nahrung zirkulieren.

Künstliche Strömung

Um eine Strömung nachzuahmen, die den Wasserbewegungen am natürlichen Standort der Tiere entspricht, bietet der Fachhandel ausgeklügelte Pumpsysteme an.

- **POWERHEAD-PUMPEN** Ideal sind Powerhead-Pumpen mit Filterwatte als mechanischem Schnellfilter, da sie billig und zuverlässig sind. Von Nachteil ist allerdings, dass sich die Elektrik im Wasser befindet und die Pumpen Wärme abgeben.
- **RÜCKLAUFPUMPEN** Wer eine starke Rücklaufpumpe aus dem Filterbecken hat, kann über entsprechende Abzweigungen auch darüber genügend Strömung erzeugen.
- **KUNSTSTOFF-MAGNETKREISELPUMPEN** Moderne Kunststoff-Magnetkreiselpumpen sind in der Lage, bei hohem Wirkungsgrad relativ geräusch- und wartungsarm zu laufen. Ihre Elektrik liegt außerhalb des Beckens und gibt keine Wärme ans Wasser ab.

Durch geschickte Verrohrung mit PVC-Rohren sollten Sie für eine ordentliche und saubere Leitung des Wasserkreislaufes sorgen. Durch Ventile, T-Stücke und Verminderungen erreichen Sie eine übersichtliche Systemführung. Achten Sie darauf, dass die Krümmung der Rohre einen minimalen Strömungswiderstand aufweist (keine 90°-Winkel) und durch ihren Durchmesser eine gute Strömung gewährleistet ist. Die Verrohrung muss technisch einwandfrei sein, ansonsten wird Ihr Aquarienzimmer früher oder später unter Wasser gesetzt! PVC-Rohre sollten alle 2–5 Jahre gereinigt werden, da sie von innen mit Schwämmen und anderen Organismen zuwachsen.

Die Nacktschnecke Spanische Tänzerin (Hexabranchus sanguineus) schwimmt wie eine Flamenco-Tänzerin.

Optimale Strömungsverhältnisse

▸ Die Pumpen sollten den Beckeninhalt bei niederen Tieren zehnmal pro Stunde, bei Fischen mindestens fünfmal pro Stunde umwälzen.
▸ Steine dürfen die Wasserzirkulation nicht behindern.
▸ Ahmen Sie die Wellenbewegung und die Gezeiten nach: Die Gezeiten können Sie dadurch simulieren, dass Sie die Strömung ca. 6 Stunden aus einer, dann aus der anderen Richtung kommen lassen, wobei zwischendurch eine turbulente und eine ruhige Phase auftreten kann. Mit den gängigen Zeitschaltuhren können Sie den Strömungswechsel regeln. Wellenförmige Bewegungen lassen sich durch Impulspumpen mit wechselnder Leistung, durch Wellengeneratoren oder durch Oloide erzeugen.
▸ Bei der Hälterung sessiler Wirbelloser sollte besonders auf gute und abwechslungsreiche Strömung geachtet werden, damit die Tiere nicht einseitig geneigt wachsen oder sich Abfallprodukte an einer Seite anhäufen.
▸ Der Pumpenstrahl sollte nicht direkt auf festsitzende Tiere gerichtet werden. Es ist besser, die Ausströmöffnungen gegen das Glas, Steine oder auf die Wasseroberfläche zu richten und die Tiere somit nur indirekt zu beströmen.
▸ Berücksichtigen Sie die Neigungen der Tiere. Viele Scheibenanemonen bevorzugen eine ruhige, aber stetige Strömung, bei der sie sich in vollster Schönheit zeigen. Bei turbulentem Wasser ziehen sie sich zusammen oder neigen sich stark gekrümmt zu einer Seite, während Steinkorallen wie manche *Acropora*-Arten eine sehr starke Strömung bevorzugen.

- **Nahrungsansprüche**
  100–103

- **Fische**
  100

- **Wirbellose Tiere**
  101

- **Das Einmaleins der Fütterungspraxis**
  103

THEMA **FÜTTERUNG**

THEMA: NAHRUNGSANSPRÜCHE

Nasenmuränen (Rhinomuraena quaesita) können von erfahreneren Aquarianern gut gehalten werden.

Ihre Aquarienbewohner haben sehr unterschiedliche Nahrungsansprüche. Es ist wichtig, diese zu kennen und bei der Fütterung zu berücksichtigen. Schließlich sollen sich Ihre Tiere wohl fühlen, wachsen und sich vermehren können. Ideal wäre es natürlich, die Tiere auf eine Weise zu füttern, die genau ihren Gewohnheiten in der Natur entspricht. Allerdings ist das nur sehr selten möglich. Viele Fische knabbern und zupfen den ganzen Tag am Korallenriff, in Felsritzen und Spalten. Dieses Verhalten werden Sie auch in Ihrem Aquarium beobachten können, im Becken würde bei dieser Ernährungsweise jedoch bald nichts mehr zum Zupfen übrig sein. Manche Korallen beispielsweise stehen in der Natur nachts in „voller Blüte", um mit ausgestreckten Tentakeln das aus den Tiefen aufsteigende Plankton zu fangen. Im Aquarium fehlt jedoch das nächtliche Plankton.

Um die Fütterung trotzdem so optimal wie möglich zu gestalten, bietet der Zoofachhandel Trocken-, Gefrier-, Flüssig- und Lebendfutter an. Diese Futtersorten decken den größten Teil des Nahrungsbedarfes der Tiere ab. Manche benötigen darüber hinaus die regelmäßige Gabe von Spurenelementen. Im Urlaub können Sie Trockenfutter im Futterautomat benützen. Und natürlich: Gutes Wasser wie individuell abgestimmte Lichtverhältnisse sind für Ihre Wasserbewohner genauso wichtig wie das Futter.

Fische

Fische ernähren sich je nach Art sehr unterschiedlich. Im Aquarium können Sie nur solche Tiere halten, deren Nahrung leicht zu beschaffen ist. Die artgerechte Hälterung von Plankton fressenden Fischen (Fahnenbarsche, Schwalbenschwänzchen) ist im Becken nicht gewährleistet. Schaffen Sie sich daher besser keine Planktonfresser an, sondern Fische, die sich von Algen, Krebstieren, Muscheln, anderen Fische etc. ernähren und deren Futter somit leicht zu beschaffen ist.

Pflanzen fressende Fische

Pflanzen fressenden (herbivore) Fische sind eine Minderheit unter den Meeresfischen. Doktor-, Kaninchen- und Schleimfische sowie Riffbarsche gehören zu ihnen.
Doktorfische grasen Algen, die an Korallen,

Der kleine Falterfisch (Chaetodon kleinii) ist nicht einfach zu pflegen.

Wirbellose Tiere

Auch wirbellose Tiere unterscheiden sich stark in ihren Ernährungsgewohnheiten.

Steinen und sandigen Plätzen am Meeresboden wachsen, regelrecht ab. Sie sind die wichtigsten und zugleich schönsten Vertreter der Algenfresser im Meerwasserbecken. Lästige Grünalgen können mit diesen Fischen erfolgreich in Zaum gehalten werden.

Fleisch fressende Fische

Die meisten Fische sind Fleischfresser (karnivore Fische). Ihre Nahrungspalette reicht über fast alle Tierstämme, also Schwämme, Nesseltiere, Würmer, Weichtiere, Stachelhäuter, bis hin zu anderen Wirbeltieren.
Daher können nur bestimmte Fischarten mit Wirbellosen vergesellschaftet werden. Drücker- und Feilenfische z.B. würden innerhalb kürzester Zeit Ihren Korallenbestand verzehren.

Nesseltiere

Korallen müssen Sie je nach Art und Lichtbedarf unterschiedlich versorgen. Fast alle ernähren sich durch die in ihrem Gewebe lebenden Zooxanthellen, die die Koralle durch Photosynthese mit Nährstoffen und Sauerstoff versorgen. Sind Kalzium, Strontium, Magnesium, Barium und Spurenelemente in ausreichender Menge im Wasser vorhanden, benötigen lichthungrige Korallen (Steinkorallen) normalerweise keine Zusatzfütterung. Weniger lichthungrige Korallen oder dunkel stehende Weichkorallen brauchen häufig sowohl pflanzliches als auch tierisches Plankton. Scheiben- und Krustenanemonen ernähren sich sowohl durch Zooxanthellen als auch durch Plankton. Größere Anemonen nehmen als Nahrung häufig auch Fisch-, Krebs- oder Muschelfleisch an.

Die **Kardinalsgarnele** (Lysmata debelius) und die **Partnergrundel** (Amblyeleotris aurora) haben natürlich unterschiedliche Fressgewohnheiten.

Krebstiere

Krebstiere ernähren sich von Algen, kleinen festsitzenden Wirbellosen und machen sich als Restevertilger nützlich. Garnelen sind meist Allesfresser, manche haben sich auf das Putzen von Fischen spezialisiert, einige Arten fressen auch Korallen und Anemonen.

Stachelhäuter

Die meisten Seeigel weiden Algenrasen ab, wobei sie natürlich auch Schwämme und Moostierchen mitverzehren. Seesterne sind Kleintier- und Detritusfresser, manche mögen auch Muscheln und Aas.

Weichtiere und andere Wirbellose

Große Riesenmuscheln ernähren sich hauptsächlich durch Zooxanthellen, während andere Muscheln Plankton und Kleinstpartikel aus dem Wasser filtern und verzehren. Unter den Schnecken gibt es Detritus- und Algenfresser, parasitäre Arten sowie räuberische Korallen- und Seeigelfresser. Röhrenwürmer fangen mit ihrer Tentakelkrone kleinste Partikel, Schwämme filtern sich ihre Nahrung aus dem Wasser.

INFO

Das Einmaleins der Fütterungspraxis

GEEIGNETES FUTTER FÜR FLEISCHFRESSER
- Kleinkrebse (*Mysis, Artemia*, Krill), Mückenlarven und evtl. Muschelfleisch. Das Futter muss der Größe der Mundöffnung Ihrer Tiere entsprechen (2–10mm).
- Füttern Sie mehrmals täglich in kleinen Portionen. Das Futter an mehreren Stellen gleichzeitig ins Becken geben, stellen Sie dabei die Filterpumpe ab.
- Handelsübliches Trockenfutter sollten Sie für wenige Minuten in Wasser aufweichen, bevor Sie es in einem Futterring auf die Wasseroberfläche geben. Frostfutter bitte vollständig auftauen und anschließend in einem kleinen Sieb unter fließendem Wasser spülen. Dadurch wird der Phosphateintrag in das Becken reduziert.
- Mindestens einmal pro Woche sollte das Futter mit einem Vitaminpräparat versehen werden, um Mangelerscheinungen vorzubeugen.

FUTTER FÜR PFLANZEN FRESSENDE FISCHE
- Sie brauchen sehr viel pflanzliche Beikost, denn die Algen im Becken werden schnell abgeweidet sein. Ideal sind z.B. Salat, Chicoree oder Löwenzahnblätter. Vor der Futtergabe die Blätter gründlich waschen und anschließend mit heißem Wasser überbrühen, dann befestigen Sie sie mittels eines Magnetscheibenreinigers innen an der Scheibe oder mit einer Angelschnur an einem Gegenstand unter Wasser. Viele Doktorfische fressen gerne getrockneten Seetang, der vorher ein wenig gewässert wird.

BESONDERHEITEN BEI DER FÜTTERUNG DER WIRBELLOSEN
- Stellen Sie die Mineralienversorgung durch regelmäßige Wasserwechsel und Spurenelementzugabe sicher.
- Bei gemischtem Besatz sessiler Wirbelloser ist die wöchentliche Gabe von entsprechender Flüssignahrung (Fachhandel) vorteilhaft. Dabei die Nahrung gezielt mit einer Pipette über den Tieren absinken lassen.
- Geben sie lichthungrigen bzw. Weichkorallen wöchentlich lebendes oder gefrorenes tierisches Mikroplankton ins Wasser.
- Geben Sie Anemonen und großpolypigen Korallen gelegentlich ein Stückchen Muschelfleisch. Kleinkrebse füttern Sie den Anemonen durch eine Futterspritze oder ein Futterrohr (Fachhandel). Muschelfleisch fressen auch Garnelen und Seeigel gerne.
- Bei der Futtergabe auf die Aktivität der Tiere achten. Nacht- oder dämmerungsaktive Tiere sollten eher zu dieser Tageszeit gefüttert werden.

- **Krankheiten im Meerwasseraquarium**
  106–111

- **Quarantäne**
  106

- **Hauptkrankheiten**
  107

- **Korallenkrankheiten**
  108

- **Solutionfinder Krankheiten**
  110

THEMA **GESUNDHEIT**

THEMA: KRANKHEITEN IM MEERWASSERAQUARIUM

In unserem künstlichen Meerwasser-System wird jeder Liebhaber früher oder später mit Krankheiten der Aquarieninsassen konfrontiert werden.
In unseren Becken sind immer potentielle Krankheitserreger vorhanden und jedes neu eingesetzte Tier wird wieder neue Krankheitskeime mitbringen. Ob diese Krankheit letztlich zum Ausbruch kommt, liegt an der biologischen Ausgewogenheit des Aquariums, den Beckenparametern und der Widerstandskraft einzelner Individuen.
Nur in einem gut funktionierenden Becken mit entsprechendem Besatz wird auch der Bewohner das Potential für eine gute Gesundheit finden. Die Hauptursache für Krankheiten sind fast immer zu viele Fische, schlechte Wasserqualität oder geschwächte, meist kürzlich erworbene Tiere.

Schaukelfische (hier Taenianotus triacanthus) sind exotische aussehende Meerwassertiere.

Quarantäne

Ideal vor dem Einsetzen neuer Tiere in das gut eingefahrene Hauptbecken, ist natürlich ein separat beleuchtetes und gefiltertes Quarantäne-Becken, in dem die Tiere genauestens beobachtet und eingewöhnt werden. Bei Fischen sollte das etwa zwei bis vier Wochen dauern, bei niederen Tieren würden ein bis zwei Wochen reichen, weil dann eingebrachte Fischerreger keinen Wirt gefunden haben. Auftretende Korallenschädigungen zeigen sich meist erst viel später, und in dieser Zeit besteht genug Gelegenheit, die Tiere ausführlich zu beobachten.
Sollten Sie in diesem Becken chemische Behandlungen durchführen wollen, so ist das Beckenwasser nach der Behandlung vollständig zu verwerfen und zu reinigen. Deswegen sollten Sie für Behandlungen ein weiteres Becken einkalkulieren.
Aufgrund der guten Erfahrungen mit UV-Lampen, der verbesserten Fang- und Sammelmethoden sowie der Quarantäne beim verantwortungsbewussten Händler wird heute von über 90% der Meerwasseraquarianer jedoch auf die Eingewöhnungs-Quarantäne verzichtet.

Zwergfeuerfische (hier Dendrochirus brachypterus) sind wie ihre größeren Verwandten recht giftig.

Hauptkrankheiten

Die Hauptkrankheiten für Fische in Meerwasserbecken sind Oodinium und Cryptocaryon. Ich möchte hier nicht auf die parasitären Kreisläufe im einzelnen eingehen, sondern direkt etwas zu den gängigen Mitteln der Behandlung beitragen. Ich persönlich habe einiges ausprobiert und rate grundsätzlich vom Gebrauch von Chemie in Riffbecken ab, egal ob der Hersteller eine Verträglichkeit für Korallen und andere niedere Tiere angibt. Langfristig ist das Beckenmilieu dadurch immer negativ beeinflusst worden, kurzfristig kann sogar entgegen den Angaben des Herstellers eine Schädigung empfindlicher niederer Tiere eintreten. Eine Ausnahme bildet vielleicht das Mittel Neosal der Firma Preis. Fische sind wesentlich weniger empfindlich und sollten nach Möglichkeit in einem Quarantänebecken behandelt werden.

Sehr gute Erfahrung habe ich mit dem Einsatz von UV-Strahlern und kurzfristiger Temperaturerhöhung (um den Parasitenzyklus zu beschleunigen) gemacht. UV ist auch ohne Probleme in einem vollbesetzten Riffbecken einsetzbar. Fische sollten bei Weißpünktchen-Krankheiten und Behandlung im Riffbecken immer noch zusätzlich mit Tetra Medica-Flocken gefüttert werden. Dabei aber nie zu viel in das Becken geben, sondern nur das, was tatsächlich gefressen wird. Gleichzeitig sollte über Aktivkohle gefiltert werden, um der Anreicherung des Wassers mit dem Wirkstoff Malachitgrün entgegen zu wirken.

Fischkrankheiten

OODINIUM

Diese bei weitem häufigste Fischkrankheit zeigt sich durch kleine weißliche Pünktchen auf der Haut, über den gesamten Körper verteilt, vorwiegend jedoch an den Kiemen. Die Erreger sind Amyloodinium-Arten. Diese kleinen Dinoflagellaten sitzen an der Oberfläche des Wirtes fest und ernähren sich über wurzelartige Ausläufer vom Wirt. Sie vermehren sich über Schwärmstadien, die innerhalb von 24–36 Stunden einen neuen Wirt finden müssen. Befallene Fische leiden unter Atemnot und bakteriellen Sekundärinfektionen, was letztendlich zum Tod führt. Die Behandlung erfolgt über UV, oder mit 0.15g Kupfersulfat auf 100 Liter Wasser, für 1 Woche im Quarantänebecken. Auf keinen Fall Kupfer bei Besatz mit niederen Tieren einsetzen!

CRYPTOCARYON
Die Krankheit wird auch als Meerwasser-Ichthyo bezeichnet. Die Symptome sind ähnlich wie bei Oodinium, nur sind die festsitzenden Stadien kleiner und etwas mehr verteilt. Abhilfe: UV oder Kupfersulfat, respektive die Mittel verschiedener Hersteller, dann aber immer unter Quarantäne.

LYMPHOCYSTIS
Eine Viruserkrankung, die besonders an den Flossen auftritt. Sichtbar ist dies durch weißliche Knötchen, die recht groß werden können. Meist hilft bei dieser Erkrankung schon eine Verbesserung der Haltungsbedingungen. Wenn keine Besserung eintritt, kann der Tierarzt unter Narkose einen chirurgischen Eingriff vornehmen. Dabei werden die befallenen Flossenpartien vorsichtig von den Erregern befreit.

WÜRMER
Parasitierende Würmer kommen recht häufig vor und können von einem Tierarzt meist gut nachgewiesen werden. Einige leben in den Kiemen der Fische, andere im Magen-Darm-Bereich. Symptome sind bei Kiemenwürmern das schwere Atmen und das Abspreizen der Kiemendeckel.

Fledermausfische (hier Platax orbicularis) werden sehr groß und sind anfällig für Erkrankungen.

Korallenkrankheiten

Krankheiten bei Korallen zeigen sich meist durch Gewebeschwund, weißliche, schwärzliche oder bräunliche Verfärbungen und letztendlich durch den Tod des Tierstocks.
Die Hauptursache sind Mangelerscheinungen, Viren- oder Bakterienbefall oder unsachgemäße Hälterung. Abhilfe bei vielen dieser Korallenschäden schafft ein Medizinalbad mit Lugolscher Lösung oder eine Behandlung mit Antibiotika.
Antibiotika sind verschreibungspflichtig und können nur gegen tierärztliches Rezept erworben werden. Zudem kann es bei unsachgemäßer Handhabung auch zu Resistenzen der Erreger kommen. Außerdem bekämpft man damit, wie so oft, nur die Symptome, wobei man primär Ursachenforschung betreiben sollte.

Langschnäutzige Falterfische (hier Forcipiger flavissimus) sind empfindliche Pfleglinge.

Die Behandlung der betreffenden Tiere sollte immer in einem Quarantäne-Becken erfolgen. Lugolsche Lösung kann zudem auch kurzfristig unverdünnt auf die betroffenen Gewebepartien aufgetragen werden.

BRAUNER ÜBERZUG

Ein brauner, geleeartiger Überzug deutet auf eine Protozoen-Infektion hin. Am besten saugt man den Überzug ab und entfernt Reste mit einem scharfen Skalpell vom Gewebe. Die Wundränder mit Jodlösung betupfen. Anschließend mindestens zwei Wochen Quarantäne und Beobachtung.

WEISSLICHER ÜBERZUG

Ein weißlicher Überzug deutet auf Gewebezerfall durch anaerobe Prozesse oder einen Bakterienbefall hin. Ein entsprechender Schwefelgeruch sollte die Diagnose unterstützen. Die Koralle reinigen, in Quarantäne-Becken mit Antibiotika behandeln.

SCHWÄRZLICHER ÜBERZUG

Ein schwärzlicher Überzug wird durch zahlreiche Organismen wie Schwämme, Protozoen, Bakterien oder Algen hervorgerufen. Alle diese Tiere ernähren sich vom Gewebe oder dem Schleim der befallenen Korallen. Die Koralle sollte vollständig mit einem Schlauch abgesaugt werden. In hartnäckigen Fällen werden Antibiotika eingesetzt.

AUSBLEICHUNG

Die Ausbleichung kann durch zu hohe oder zu niedrige Temperatur, falsches Licht oder Jodmangel hervorgerufen werden. Abhilfe schafft nur das Feststellen der Ursache und deren Beseitigung.

GEWEBEZERFALL

Auch hier können eine Menge Ursachen in Frage kommen. Falscher Standort oder bakterielle Infektion. Auf jeden Fall ist die Koralle zu stark geschwächt. Das nekrotische Gewebe sollte wenn möglich weggeschnitten werden, die Wunden werden mit Lugolscher Lösung behandelt, dann zwei Wochen Quarantäne unter genauester Beobachtung. Oft können sich Korallen dann wieder erholen und sind aufgrund ihrer enormen Regenerationsfähigkeit wieder in der Lage, den gesamten Tierstock neu zu bilden.

SOLUTIONFINDER

▶ SYMPTOME	▶ URSACHE	▶ ABHILFE
Samtartiger Belag winzigkleiner, weißer Pünktchen auf dem gesamten Körper. Fische scheuern sich an Steinen. Atemnot.	Oodinium/Samtkrankheit.	UV-Licht. Im Quarantänebecken Wasser mit Kupfersulfat versetzten (0,15g auf 100l), Kupfer nie mit niederen Tieren einsetzen!
Grießkornartige weiße Pünktchen auf Haut und Kiemen. Fische scheuern sich an Steinen. Atemnot.	Cryptocaryon-Erreger/ Meerwasser-Ichthyo.	UV-Licht. Im Quarantänebecken Wasser mit Kupfersulfat versetzten (0,15g auf 100l).
Teils größere, weiße Knötchen, die vereinzelt auf den Flossen auftreten.	Lymphcystis (Virenerkrankung).	Erreger evt. vom Tierarzt unter Narkose entfernen lassen. Entsprechende Stellen mit Lugolscher Lösung einreiben. Verbesserung der Haltungsbedingungen. Bis zur Genesung Fisch in Quarantänebecken lassen.
Fische spreizen Kiemen ab. Hängen hechelnd unterhalb des Wasserspiegels.	Befall mit Kiemenwürmern. Falsche Wasserwerte.	Kiemenabstrich vom Tierarzt zur sicheren Diagnose. Wasserwerte verbessern.
Koralle zeigt braunen, geleeartigen Überzug.	Protozoen-Infektion.	Überzug absaugen, Reste mit einem scharfen Skalpell vom Gewebe entfernen. Wundränder mit Jodlösung betupfen. 2 Wochen Quarantäne.

KRANKHEITEN UND PARASITENBEFALL

▶ SYMPTOME	▶ URSACHE	▶ ABHILFE
Koralle zeigt einen weißen Überzug. Schwefelgeruch.	Bakterienbefall.	Koralle reinigen. In Quarantäne mit Antibiotika (verschreibungspflichtig) behandeln.
Koralle zeigt einen schwarzen Überzug.	Durch Schwämme, Protozoen, Bakterien oder Algen hervorgerufen, die sich vom Korallengewebe ernähren.	Überzug absaugen. Bei hartnäckigen Fällen Behandlung mit Antibiotika (verschreibungspflichtig).
Koralle erscheint ausgebleicht.	Falsche Temperatur, falsches Licht oder Jodmangel.	Haltungsbedingungen verbessern.
Korallengewebe zerfällt.	Falscher Standort oder bakterielle Infektion.	Betroffenes Gewebe wegschneiden, Wunden mit Lugolscher Lösung behandeln. 2 Wochen Quarantäne unter genauer Beobachtung.

- **Nachwuchs im Meerwasseraquarium**
  114–117

- **Die Vermehrung von Wirbellosen**
  114–115

- **Fische züchten**
  116–117

THEMA **ZUCHT**

THEMA NACHWUCHS IM MEERWASSERAQUARIUM

Großpolypige Steinkorallen (Physogyra) wachsen im Riff auch neben filigraneren Formen.

Zu beobachten, dass sich die Beckeninsassen wohl fühlen und sogar noch vermehren, ist sicherlich eines der „Highlights" in der Aquaristik. Leider ist die erfolgreiche Zucht tropischer Meeresfische in heimischen Aquarien eine Seltenheit und mit großem Aufwand verbunden, während die Vermehrung einiger Wirbelloser wie Stein- und Lederkorallen, Krusten- und Scheibenanemonen mit etwas aquaristischem Fingerspitzengefühl eine recht einfache Sache ist.

Die Vermehrung von Wirbellosen

Alle Nesseltiere können sich sowohl sexuell als auch asexuell fortpflanzen. Bei der sexuellen Fortpflanzung werden Ei- und Samenzellen in das freie Wasser abgegeben. Aus der befruchteten Eizelle entsteht eine von Plankton lebende Larve, die mit der Strömung verdriftet wird und sich nach einiger Zeit an einem geeigneten Ort festsetzt. Im Aquarium werden diese Larven natürlich von den Pumpen und der Filteranlage sowie von beckenbewohnenden Planktonfressern meist restlos vernichtet. Daher kommt im Aquarium nur die asexuelle Vermehrung in Frage.

Scheiben- und Krustenanemonen

Bei guten Bedingungen werden Sie schnell feststellen, dass sich z.B. Scheiben- und Krustenanemonen einfach auf dem Substrat weiter ausbreiten. Dies geschieht meist durch Knospung oder Lazeration, indem sich ein Stück des Fußes vom Mutterpolypen trennt und eine neue Kopfscheibe ausbildet. Bei diesen Tieren sollte man einfach nur einen unbewachsenen Stein direkt an die Kolonie legen, der nach einigen Wochen bewachsen sein wird. Diesen kann man dann ganz einfach an einer anderen Stelle des Beckens platzieren.

Weich- und Lederkorallen

Weich- und Lederkorallen vermehren sich ungeschlechtlich durch seitliche Knospung, wobei oft eine dauerhafte Bindung zwischen

Muttertier und dem jungen Polypen erhalten bleibt. Da aber z.B. buschig wachsende Korallen (*Cladiella, Litophyton*) immer mehr Äste ausbilden, kann man auch einen oder mehrere Äste abtrennen und diese anwachsen lassen. Dabei gehen Sie folgendermaßen vor:
Am schonendsten ist es, eine Nylonschnur um den Ableger zu legen und diese täglich immer mehr zuzuziehen. Nach etwa sieben bis zehn Tagen löst sich der Ableger und kann angesiedelt werden. Alternativ kann man auch einfach einen Ast mit einer Schere oder besser mit einem scharfen Skalpell abschneiden. Aber Vorsicht: Da viele Weichkorallen kalkhaltige Skleritnadel im Gewebe besitzen, ist dies oft nicht so einfach, wie es scheint.
Auf keinen Fall darf das Gewebe zu stark gequetscht werden. Nach der Trennung kann das Gewebe zum Wundverschluss kurz mit den Fingern zusammengedrückt werden.
Die Ansiedlung des Ablegers erfolgt an einer geeigneten Stelle entweder durch Auflegen eines Steines, durch Anbinden mit einem Faden (Kabelbinder) oder durch Feststecken mit einem Zahnstocher. Auf keinen Fall sollte der Ableger frei im Becken treiben. Auch sollten Sie nicht mehrere Korallenarten gleichzeitig vermehren und die Tiere ganz genau beobachten. Die Ableger sollten innerhalb kurzer Zeit (eine Woche) am Substrat festgewachsen sein.

Steinkorallen

Steinkorallen bilden neue Äste und Gewebestücke durch seitliche Knospung aus, die eigentlich eher dem Wachstum als der Vermehrung dienen. Brechen Sie diese neuen und zerbrechlichen Äste vorsichtig ab. Sie können anschließend mit Unterwasserkleber an einem geeigneten Substrat befestigt werden. Wichtig ist, dass das Gewebe nicht allzu sehr verletzt wird und dass die Mutterkolonie ein hervorragendes Wachstumsverhalten zeigt. Die Ableger werden normalerweise schnell anwachsen und den Kitt mit ihrem Gewebe überziehen.
Solitärkorallen wie *Fungia, Scolymia* und *Herpolitha*-Arten können nicht auf diese Weise vermehrt werden.

Fische züchten

Besonders kleinere Barscharten wie Anemonenfische oder Demoisellen laichen recht häufig in Heimaquarien ab. Bei größeren Fischen beobachtet man das seltener.
Die Nachzucht von Fischen im eigentlichen Schaubecken ist bis auf ganz wenige Ausnahmen illusorisch. Lediglich mit Maulbrütern wie den Kardinalbarschen könnten Sie Glück haben.
Junge Kardinalbarsche können direkt mit *Artemia*-Nauplien ernährt werden. Auch Jungfische, wenn sie ein gewisses Alter erreicht haben, werden mit diesen frisch geschlüpften Salinenkrebsen gefüttert. Machen Sie sich daher mit deren Aufzucht vertraut.
Für alle übrigen Fische benötigt man auf jeden Fall ein Aufzuchtbecken sowie mehrere Gefäße für die Kultivierung geeigneter Nahrung. Wählen Sie zur Zucht nur gesunde Elterntiere aus, deren Körperform, Größe und Zeichnung charakteristisch für ihre Art ist.

Außerdem müssen sich die Elterntiere vertragen. Deshalb ist es am besten, ein Pärchen auszuwählen, das bereits im Haltungsbecken sexuelle Aktivität (Balzverhalten) zeigt.
Ob die Fische wirklich laichen, hängt von vielen weiteren Faktoren ab: Manche laichen nur bei einer bestimmten Fütterung oder Umgebung; auch die Temperatur, die Jahreszeiten und Mondphasen beeinflussen das Laichverhalten.
Meeresfische zu züchten ist nicht einfach. Erst wenn Sie sich durch Fachliteratur ausreichend informiert haben und erfolgreich mit allen Zuchttechniken umgehen können, sollten Sie sich an diese komplizierte Aufgabe heranwagen!

Futterzucht

Für die Aufzucht der Fischbrut benötigen Sie Phyto- und Zooplankton, das Sie selbst kultivieren.

Korallenwächter (hier Cirrhitichthys falco) nennt man auch Büschelbarsche.

PHYTO- UND ZOOPLANKTON KULTIVIEREN

Mit dem Phytoplankton wird die eigentliche Nahrung – nämlich das Zooplankton – gefüttert.

Eine einfache Phytoplanktonkultur gelingt schon in einem kleinen 20-Liter-Becken mit dem Wasser des Schaubeckens, feinperliger Durchlüftung bei Raumtemperatur und einfachen Leuchtstoffröhren.

Zooplankton, meist Copepoden, Foraminiferen und Radiolarien, sollte ebenfalls als Zuchtkultur in separaten Becken angesetzt werden. Häufig wird *Brachionus* im Handel angeboten, obwohl Ruderfußkrebse besser geeignet sind. Die Kultur dieses Zooplanktons erfolgt ebenfalls in separaten Becken, bei Raumtemperatur, mit grobperliger Durchlüftung und Fütterung mit Phytoplankton. Alle Kulturbehälter sollten besser zweifach angesetzt werden, um immer genügend Reserve zu haben.

Alle vier Wochen werden alte Kulturen verworfen, die Behälter gereinigt und neue Kulturen mit den Resten der alten angeimpft.

Es ist darauf zu achten, dass das Zooplankton nicht in die Phytoplanktonkultur gelangt, weil sonst nicht mehr viel davon übrig bleiben wird. Es sind bereits ganz gute trichterförmige Kulturgeräte mit Entnahmeventil im Handel erhältlich, die derartige Verunreinigungen vermeiden helfen.

Aufzucht der Jungfische

Die Aufzucht der Jungfische muss in einem Aufzuchtbecken erfolgen, welches mit langsamer Strömung an das Hauptbecken gekoppelt sein kann. Jungtiere vertragen absolut keine Veränderung der Beckenparameter wie Temperatur, Sauerstoff- und Salzgehalt.

Nach der Aufzehrung des Dottersacks benötigen sie kontinuierlich Futter aus den Kulturen. Das wird sich negativ auf die Wasserreinheit auswirken, daher müssen Sie den Bodengrund täglich absaugen und sehr vorsichtig Altwasser zugeben bzw. besser gleich eine Kreislaufverbindung mit einem anderen Aquarium herstellen. Die Aufzucht ist sehr zeitaufwendig, und häufig geht ein Großteil der Fische ein. Erfolgreiche Nachzuchten sind u. a. von folgenden Fischarten gelungen: Banggai-Kardinalbarsch, Mandarinfisch, Seepferdchen, Brunnenbauer, Clownfischen, Demoisellen und Riffbarschen.

Bildnachweis

Gohr (S. 4oli, 43re, 45re); Hecker (S. 10, 16, 20, 21li, 24li, 42re, 43li, 49u, 78, 83u, 90, 99 Mitte, 102); Schneidewind (S. 4, 5, 8, 9, 12, 13, 14, 15, 17, 18re, 20re, 21re, 22, 23li, 24re, 26, 27, 29, 30, 490, 49 Mitte, 54, 55, 58, 59, 62/63, 64, 65, 70, 72, 79, 81, 82, 830, 83 Mitte, 54, 86, 88, 89, 95, 98, 990, 99u, 100, 104,105, 107, 108, 109, 112/113, 116/117); Spreinat (S. 6, 11, 18li, 19, 23re, 24, 28, 31, 32, 33, 34, 35, 36, 37, 38, 39, 40re, 41, 42li, 44, 46, 47, 48, 50, 51,52, 53, 56/57, 60/61, 66, 68, 69, 74/75, 76/77, 80, 85, 91, 92, 96, 97, 101, 113, 114/115)

Alle Angaben in diesem Buch sind sorgfältig geprüft und geben den neuesten Wissensstand bei der Veröffentlichung wieder. Da sich das Wissen aber laufend weiterentwickelt und vergrößert, muß jeder Anwender selbst prüfen, ob die Angaben nicht durch neuere Erkenntnisse überholt sind. Dazu muß er z. B. bei Behandlungsvorschlägen den Tierarzt konsultieren, Beipackzettel zu Medikamenten lesen, Gebrauchsanweisungen und Gesetze befolgen.

Impressum

Umschlaggestaltung eStudio Calamar, Friedhelm Steinen-Broo,
unter Verwendung von vier Farbaufnahmen von Frank Schneidewind

Mit 135 Farbfotos

Bibliografische Inofrmation der Deutschen Nationalbibliothek
Die Deutsche Nationalbibliothek verzeichnet diese Publikation in der
Deutschen Nationalbibliografie; detaillierte bibliografische Daten sind
im Internet über http://dnb.ddb.de abrufbar.

Unser gesamtes lieferbares Programm und viele
weitere Informationen zu unseren Büchern, Spielen,
Experimentierkästen, DVDs, Autoren und Aktivitäten
finden Sie unter **www.kosmos.de**

© 2000, Franckh-Kosmos Verlags-GmbH & Co. KG, Stuttgart
Alle Rechte vorbehalten
ISBN: 978-3-440-08250-8
Redaktion: Ute-Kristin Schmalfuß, Christine Axmann
Gestaltungskonzept: eStudio Calamar, Friedhelm Steinen-Broo
Gestaltung und Satz: eStudio Calamar, Daniel Franquesa
Produktion: Kirsten Raue, Markus Schärtlein
Printed in The Czech Republic / Imprimé en République Tchèque

ZUM WEITERLESEN

BÜCHER

Baensch, H., H. Debelius und
E. Moosleitner (Bd. 2, 3):
Meerwasser-Atlas,
Bände 1-6. Mergus Verlag, 1995

Delbeek, J. C. und J. Sprung:
Das Riff-Aquarium, Band 1–2.
Dähne Verlag, 1996

Fosså, S. A. und A. J. Nilsen:
Das Korallenriffaquarium, Bände
1–6. Schmettkamp Verlag, 1995

Frische, J: Erfolgreiche Nachzucht-
en im Meerwasseraquarium,
Bede Verlag, 1998

Knop, D.: Riffaquaristik für Einsteiger. Dähne Verlag, 1998

Kölle, Dr. P.: Fischkrankheiten.
Kosmos Verlag, 2001

Schubert, G. und D. Untergasser:
Krankheiten der Fische. Kosmos
Verlag, 1994

ZEITSCHRIFTEN

Aquaristik aktuell
Dähne, Ettlingen.

Aquarium heute
Aquadocumenta Verlag, Bielefeld.

Das Aquarium, Verlag Birgit
Schmettkamp, Bornheim.

DATZ
Verlag Eugen Ulmer, Stuttgart.

ADRESSEN

VDA-Geschäftsstelle
Hans Stiller
Luxemburger Str. 16
44789 Bochum
Info@vda-online.de

VDA-Beratungsstelle
für Aquariengestaltung
Jürgen Grobe
Postfach 1944
30954 Hemmingen

VDA Fischkrankheiten
Dieter Untergasser
Schloss-Str. 34
64720 Michelstadt

Gesellschaft für
Aquarienkunde e.V.
Freizeithaus Waldhof
Revierpark Vonderort
Bottroper Str. 322
46117 Oberhausen

Kontaktadressen EATA
(European Aquaristic and
Terraristic Association)

Deutschland – VDA
Horst Linke
Grubenberg 7
95131 Schwarzenbach am Wald

Joachim D. Matthies
Colonaden 70
20354 Hamburg

Elisabeth Müller
Fridtjof-Nansen-Str. 46
50226 Frechen

Frankreich – FFAAT
Dominique Gillet &
Jacques Montereaua
8, Impasse Marette du Guillerval
89000 Evry

Frankreich – FAF
Claude Vast
1, rue Foucaud
87000 Limoges

J.J. Lorrin
136 A, Boulevard de Dijon
10800 St. Julien Les Villas

Österreich – ÖVVÖ
Karl Kolar
Herrenberggasse 6
A-3434 Tulbing

Richard Pfister
Langenlebarner Str. 50
A-3430 Tulln

Franz Scherleitner
Raiffeisengasse 19
A-7201 Neudörfl

Belgien – BBAT
Fons Ooms
Beningstraat 10
2230 Herselt

Ludo Segal
Basselierstraat 30
2100 Deurne

Luxemburg – FELAT
Theo Hermann
3, Chemin du Kohn
9191 Welscheid

Netty Unden
19, rue de Muhlenbach
2168 Luxembourg

Niederlande
Roel Feenstra
Spoorsingel 104
1946 AG Beverswijk

Fischgesundheitsdienste (FGD)
Fischcare
Dr. Sandra Lechleiter
Forststr. 180
D-70193 Stuttgart

Staatl. Veterinär- und
Lebensmitteluntersuchungsamt
Ringstr. 1030
D-15239 Frankfurt/Oder

Staatl. Fischseuchenbekämpfungs-
dienst und FGD
Eintrachtweg 17
D-30173 Hannover

FGD im Staatl. Untersuchungsamt
Marburger Str. 54
D-35396 Gießen

Landesveterinär- und Lebensmittel-
untersuchungsamt, FGD
Haferbreiter Weg 132-135
D-39576 Stendal

FGD
Heinsbergerstr. 53
D-57399 Kirchhunden-Albaum

FGD am Landesveterinär-
untersuchungsamt
Blächerstr. 34
D-56073 Koblenz

FGD am Staatl. Tierärztl.
Untersuchungsamt
Azenbergstr. 16
D-70174 Stuttgart

Institut für Zoologie, Fischerei-
biologie und Fischkrankheiten
LMU München
Kaulbachstr. 37
D-80539 München

FGD am Medizinal-, Lebensmittel-
u. Veterinäruntersuchungsamt
Tennstedter Straße
D-99947 Bad Langensalza

INTERNET

www.aquanet.de
www.aqualink.de
www.vda-online.de

REGISTER

Abschäumer 51, 93
Abschäumer, Düsen- 94
Abschäumer, Luftpumpen- 93
Abschäumer, Venturi- 94
Acanthuridae 13
Acropora 42
Acrylglas 62
Actinodiscus 40
Additive 54, 88
Aktivkohle 94
Alcyonium 30
Algen, Faden 46, 73
Algen, Kalk 46
Algen, Kalkrot 46
Algen, Kiesel 73
Algen, Kriechspross 46, 72
Algen, Rot 73
Algen, Schmier 46
Algenfilter 93
Algenfresser 34, 69
Algenwuchs 72
Ammonium 87
Amphiprion ocellaris 18
Anemonen 30
Anemone, Krusten 114
Anemone, Scheiben 114
Anthelia 29, 36
Apogonidae 15
Aquariensysteme 57
Artenschutz 12
Atoll 9
Aufsalzen 67, 84
Aufzucht 117
Außenskelett 32

Balistidae 17
Balzverhalten 116
Banggai-Kardinalfisch 24
Basengehalt 86
Beckengröße 62
Beckenmaterial 62
Beckenstandort 62
Beleuchtung 51
Beleuchtungsdauer 78
Beleuchtungsstärke 78
Beleuchtungstechnik 79
Berliner System 56

Biologische Filterung 92
Blaualgen 69
Blaubrauner Herzogfisch 25
Blaulicht-Leuchtstoffröhren 77
Blaustrahler 51
Blenniidae 13
Bodengrund 65

Callionymidae 17
Calloplesiops altivelis 23
Caulerpa 46
Caulerpa prolifera 47
Caulerpa taxifolia 47
Centropyge multispinis 25
Chaetodontidae 15
Chelmon rostratus 24
Chemische Filterung 93
Chromis viridis 19
Chrysiptera parasema 18
Clavulariidae 28
Clownfisch 18
Crustacea 32

Dämmerlichtzone 53
Dekoration 65
Dekor-Schwertgrundel 20
Dendronephtya 29
Dendronephtya spec. 37
Destruent 10
Detritusfresser 34
Diadem Seeigel 44
Diadema setosum 44
Diatomeenfilter 92
Dichtemessung 85
Diploria 41
Discosoma 40
Doktorfische 13
Drachenköpfe 15
Drückerfische 17
Drückerfisch, Rotzahn 26
Dunkelphase 71
Düsen-Abschäumer 94

Echinodermata 33
Ecsenius frontalis 19
Einfahren 52, 68
Einsalzen 84

Einsetzen, Tiere 70
Einsiedlerkrebse 32
Exoskelett 32

Fadenalgen 46, 73
Falterfische 15
Favia 41
Feenbarsche 13
Feenbarsch, Königs- 20
Fiederblatt Caulerpa 47
Filter, Algen- 93
Filter, Diatomeen- 92
Filter, Oberflächen- 91
Filter, Riesel- 93
Filter, Schnell 53
Filter, Strömungspumpen- 91
Filterung, biologische 92
Filterung, chemische 93
Filterung, mechanische 91
Filterung, physikalische 93
Filterwatte 91
Fischbesatz 52
Fischzucht 116
Fleischfressende Fische 101
Flüssigfutter 100
Fortpflanzung 114
Fromia-Arten 33
Fromia indica 44
Fungia 41
Fütterung 55, 100
Futterzucht 116

Garnelen 32
Gefrierfutter 100
Gelbschwanzdemoiselle 18
Gemeinschaftsbecken 58
Gesundheit 106
Geweihkorallen 42
Gezeiten 96
Glänzender Mandarinfisch 26
Glasrosen 31
Gomphosus caerulus 25
Gorgonia 40
Gorgonidae 30
Gramma loreto 20
Grammtidae 13
Grünalgen 69

Grundel 33

Haarsterne 33
Halogen-Metalldampflampen 77
Harlekingarnelen 33
Heizstab 80
Herbivoren 100
Herpolitha 41
Herzogfische 16
Herzogfisch, Blaubrauner 25
Heteractis magnifica 39
Hippocampus spec. 22
Hirnkorallen 41
Hohltiere 27
Hornkorallen 40
HQI-Lampen 51, 77

Indischer Seestern 44
Ionenaustauscher 85
Ionenzusammensetzung 68

Jaubertsystem 57

Kahmhaut 54
Kaiserfische 16
Kalkalgen 46
Kalkreaktor 54, 95
Kalkrotalgen 46
Kalzium 88
Karbonathärte 86
Kardinalbarsche 15
Kardinalfisch, Banggai 24
Karnivoren 101
Kelvin 77
Kieselalgen 69, 73
Knallkrebse 33
Knospung 114
Kommensalen 11
König-Salomon-Zwergbarsch 22
Königs-Feenbarsch 20
Konsument 10
Korallen 27
Korallen, Geweih 42
Korallen, Hirn 41
Korallen, Horn 40
Korallen, Leder- 114
Korallen, Pilz 41

Korallen, Rinden 40
Korallen, Stein- 115
Korallen, Weich- 114
Korallenriff 8
Korallenstock 11
Kosten 50
Krabben 32
Kraken 34
Krebstiere 32, 102
Kriechsprossalgen 46, 72
Krustenanemonen 31, 114
Kühlung 81
Kunststoff-
   Magnetkreislaufpumpen 96

Labridae 16
Lagune 8
Lampentypen 77
Langusten 32
Lazeration 114
Lebende Steine 52, 66
Lebendfutter 100
Lebensgemeinschaft Riff 11
Lederkorallen 30, 114
Leierfische 17
Leitfähigkeit 85
Leitungswasser 85
Leuchtstoffröhren 77
Licht 51, 76
Lichtstärke 76
Linckia-Arten 33
Lippfische 16
Lippfisch, Schnabel 25
Lithophytum arboreum 36
Lobophyton 30
Lobophytum spec. 38
Luftpumpen-Abschäumer 93
Lux 76
Lysmata amboinensis 43
Lysmata debelius 42

Madreporaria 28
Mandarinfisch, Glänzender 26
Mechanische Filterung 91
Meersalz 67
Messverfahren 89
Microdesmidae 13

Mirakelbarsche 15
Mirakelbarsch, Pfauenaugen 23
Mittellichtzone 53
Mollusca 34
Mondlicht 79
Montipora 42
Muscheln 34
Muschel, Riesen 45

Nachzucht 116
Nahrungsansprüche 100
Nahrungskreisläufe 10
Nemateleotris decora 20
Nesselgift 30
Nesseltiere 101
Nitrat 52, 87
Nitrit 87

Oberflächenfilter 91
Odonus niger 26
Orangebinden-Pinzettfisch 24
Orgelkorallen 28
Ozon 87, 94

Palytoa 39
Pamacentridae 12
Pfauenaugen-Mirakelbarsch 23
Pfeilgrundeln 13
Pflanzenfressende Fische 100
Pflegearbeiten 74
Phosphat 88
Photosynthese 10, 27
pH-Wert 86
Physikalische Filterung 93
Phytoplankton 117
Pilzkorallen 41
Pinzettfisch, Orangenbinden 24
Plankton, Phyto- 117
Plankton, Zoo- 117
Plattformriff 8
Plesiopidae 15
Plexaura 40
Plexiglas 62
Polyp 7
Pomacanthidae 16
Powerhead-Pumpen 96
Primärproduzenten 10

Pseudochromidae 14
Pseudochromis fridmani 22
Pterois volitans 23
Pteropogon kauderni 24
Pumpen,
    Kunststoff-Magnetkreislauf 96
Pumpen, Powerhead- 96
Pumpen, Rücklauf- 96
Pumpen, Strömungs 54
Pumpen, Wechsel 54
Punktstrahler 77
Putzergarnelen 32
Putzergarnele, Weißband 43
Putzer-Lippfische 16

Quarantänebecken 70

Rasenalgensystem 57
Redoxpotential 87
Rieselfilter 57, 93
Riesenmuschel 45
Riffalter 8
Riffbarsche 12
Riffformen 8
Rindenkorallen 30, 40
Röhrenkorallen 28
Röhrenmäuler 14
Röhrenwurm 45
Rotalgen 73
Rotfeuerfisch 23
Rotweiß-gebänderte
    Scherengarnele 43
Rotzahn-Drückerfisch 26
Rücklaufpumpen 96

Sabella spec. 45
Salinität 85
Salzgehalt 84
Sarcophyton 30
Sarcophyton spec. 38
Saumriff 8
Säuregehalt 86
Scheibenanemone 31, 40, 114
Scherengarnele,
    Rotweiß-gebänderte 43
Schlangensterne 33
Schleimfische 13

Schmetterlingsfische 15
Schmieralgen 46, 72
Schnabel-Lippfisch 25
Schnecken 34
Schnellfilter 53
Schwämme 35
Schwertgrundel, Dekor- 20
Scleractinia 28
Scorpenidae 15
Seebader, Segel- 21
Seegurken 34
Seeigel 34
Seeigel, Diadem 44
Seepferdchen 14, 22
Seesterne 33
Seestern, Indischer 44
Seewalzen 34
Segel-Seebader 21
Septen 7
Sinularia 30
Spektralfarben 76
Spezialbecken 58
Spurenelemente 54
Stachelhäuter 33, 102
Standort, Becken 62
Steine 65
Steine, Lebende 52, 66
Steingarten 7
Steinkorallen 28, 70, 115
Stenopus hispidus 43
Stickstoffverbindungen 87
Stoffproduktion 10
Strömung 54, 96
Strömungspumpen 54, 91
Strömungsverhältnisse 96
Strontium 88
Symbiose 11
Synchiropus splendidus 26
Syngnathidae 14

Tageslicht-Röhren 51
Tanzgarnelen 32
Temperaturregelung 80
Tentakel 28, 30
Tierkauf 60
Tintenfische 34
Tridacna maxima 45

Trockenfutter 100
Tuff-Gestein 65

Überlauf 63
Übervölkerung 58
Umkehrosmose 86
Urlaubsversorgung 75
UV-Licht 94

Ventilatoren 81
Venturi-Abschäumer 94
Vermehrung 114
Vitamine 54
Vollbesatz 52
Vorüberlegungen 50

Wartungsarbeiten 74
Wasser 52
Wasseraufbereitung 85
Wasserwechsel 55, 90
Wattzahl 78
Wechselpumpen 54
Weichkorallen 29, 114
Weichtiere 34, 102
Weißband-Putzergarnele 43
Wildfänge 12
Wirbellose 27, 36
Wirbeltiere 12
Wurm, Röhren 45

Xenia 29, 37

Zebrasoma flavescens 21
Zebrasoma veliferum 21
Zehnfußkrebse 32
Zitronensegelflosser 21
Zoanthus 39
Zooplankton 117
Zooxanthellen 10, 27, 101
Zucht 114
Zwergbarsch, König-Salomon 22
Zwergbarsche 14

Faszination Aquaristik

Hans W. Kothe
250 Aquarienfische
288 Seiten, 548 Farbfotos
€/D 12,95; €/A 13,40; sFr 24,90
Preisänderung vorbehalten
ISBN 978-3-440-10646-4

- In diesem Buch finden Sie alles über Verbreitung, Merkmale, Haltung und Ernährung der 250 bekanntesten Aquarienfischarten.

- Damit sich die Fische im Aquarium miteinander wohl fühlen, gibt es praktische Infos zur Vergesellschaftung.

- Extra: Auf einen Blick erhalten Sie die Wasserwerte.

www.kosmos.de/heimtiere

Vielfältig und farbenprächtig

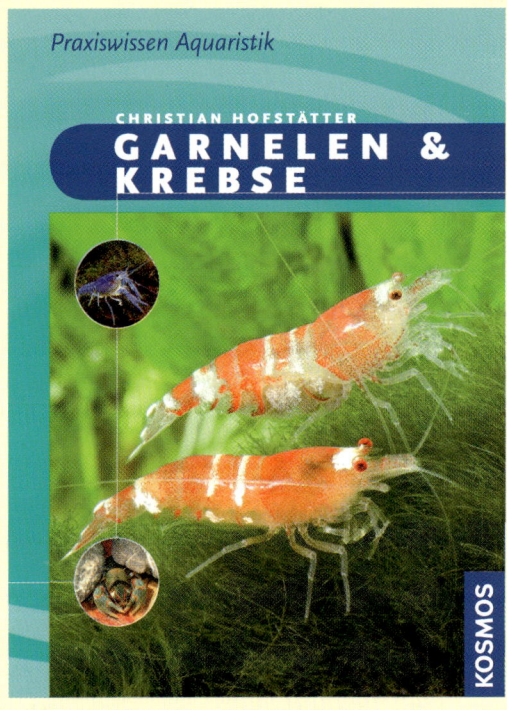

Christian Hofstätter
Garnelen & Krebse
124 Seiten, ca. 150 Farbfotos
€/D 9,95; €/A 10,30; sFr 19,10
Preisänderung vorbehalten
ISBN 978-3-440-10471-2

- Alles zur optimalen Haltung, Pflege und Zucht der bunten Exoten im Aquarium.
- Mit ausführlichen Porträts zu jeder Art.
- Checklisten ermöglichen eine schnelle Übersicht über Vergesellschaftung, Ernährung und Fortpflanzungsverhalten.

www.kosmos.de/heimtiere